오늘 할 일을
내일로 미루는 너에게

오늘 할 일을
내일로 미루는 너에게
고정욱 지음
게으른 걸까?
시간이 없어서일까?
잘하고 싶어서일까?

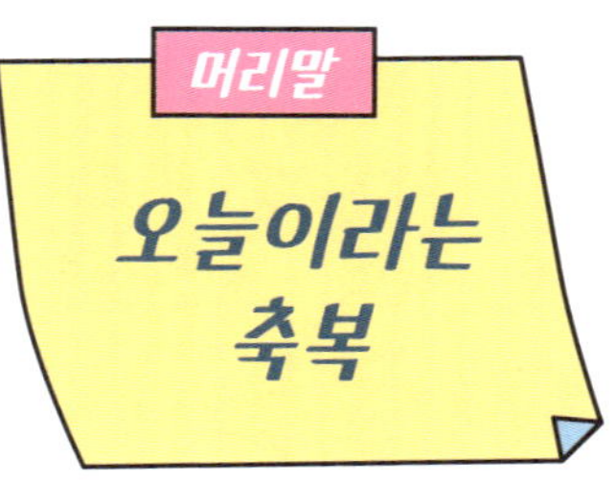

어린아이가 엄마에게 물었어. "엄마, 오늘이 내일이야?" 엄마는 웃으며 대답했지. "오늘은 오늘이고, 하룻밤 자야 내일이 오는 거란다." 다음 날 아침, 아이는 다시 물었어. "엄마, 오늘이 내일이야?" 엄마는 또 고개를 저으며 부드럽게 말했지. "아니야, 오늘은 오늘이고, 내일은 내일이야." 그때 아이가 말했어. "엄마, 우리에게 내일은 없고 오늘만 있구나."

가만히 생각해 보면, 어린아이의 말은 참으로 깊은 뜻을 담고 있었어.

예수님이 가르쳐주신 '주기도문'에 이렇게 쓰여 있지. "오늘 우리에게 일용할 양식을 주옵소서." 나는 이 구절을 오래도록 곱씹었어. 왜 '오늘'만 달라고 할까? 내일도 필요할 텐데, 모레도 배고플 텐데. 그래서 사람은 불안해하는지도 몰라. 주변을 둘러보면 모두가 내일과 모레, 먼 미래를 위해 먹을 것을 준비해. 학생들은 내일의 꿈을 위해 공부하고, 직장인들은 미래의 목표를 위해 쉼 없이 일하지. 물론 그게 이루어진다는 보장은 없어.

그래서 나는 깨달았지. 우리가 받은 진정한 축복은 '오늘'이라는 사실을. 하나님이 오늘 내게 먹을 것을 주셨다면, 내일도 또 다른 '오늘'이 되어 그 축복을 이어갈 거니까. 오늘을 충실히 산다면, 내일도 그저 오늘의 연장선이야. 모레도, 또 그다음 날도. 결국 하루하루가 모여 나의 삶이 되니까. 그래서 "하루만 잘 살면 평생을 잘 산다"는 말이 있는 거야.

어린이와 청소년들에게는 미래가 무궁무진하게 열려 있어. 시간이 넘쳐날 것처럼 보이지. 하지만 결코 그렇지 않아. 하루는 24시간뿐이니까. 오늘 할 일을 내일로 미루면, 내일의 일까지 산더미처럼 불어나. 그 무게에 짓눌려 결국 포기하게 되고, 좌절하기도 해. 오늘은 오늘의 일이 있고, 내일은 또 새로운 내일의 일이 생겨. 하루하루 충실히 살아가다 보면, 나는 어느새 조금씩 성장해 있지.

내가 40년 가까이 글을 써오고 있는 이유도, 바로 이 '오늘'을 소홀히 하지 않았기 때문이야. 하루라도 글을 쓰지 않으면 감각이 둔해져. 감각이 둔해지면 독자들은 금방 알아차리지. 그래서 나는 죽는 날까지도 매일의 '오늘'을 놓치지 않으려 해. 오늘도, 내일도, 그저 묵묵히 오늘처럼 글을 쓸 거야. 그것이 나를 작가로 살게 해 주는 길이니까.

오늘 할 일을 내일로 미루는 것은, 오늘이라는 축복을 버리는 거야. 오늘 해야 할 일을 다 하고, 편안한 마음으로 잠드는 것. 그것이야말로 이 세상에서 누릴 수 있는 가장 큰 행복이지. 나도 오늘을 게으르지 않게 살며, 이 글을 읽는 너희에게 희망을 전하고 싶어. 미루지 않고, 게으름에 빠지지 않으며, 자기 자신을 사랑하는 성숙한 어른이 되는 그날이 빨리 오길 바라는 마음으로 이 책을 썼어.

최근엔 '게으른 완벽주의자'라는 말도 있더라고. 생각은 많고, 행동은 느린 십 대 청소년들이 많은 거지. 이 책이 그런 친구들에게 자신의 마음을 스스로 이해하고 태도를 바꾸는 데 도움이 되었으면 좋겠어. 정말 내가 게으른 건지, 시간이 없어서인 건지, 잘하고 싶어서인 건지 모르겠다는 친구들이 많은데, 나를 먼저 아는 게 중요하거든.

이 책 속에는 나의 어리석음과 실수, 그리고 생각들이 담겨 있어. 부끄러운 부분도 있고. 하지만 괜찮아. 나 역시 부족하고 어리버리하고, 요즘도 가끔은 오늘 할 일을 내일로 미루고 있으니까. 그렇지만 오늘 나에게 주어진 하루가 얼마나 소중한지를 알기 때문에 자주 그러지는 않아. 이 책의 독자들에게 '오늘이 나에게 주어진 가장 소중한 선물'이라는 걸 알려 주고 싶을 따름이야.

오늘을 감사하며 신나고 즐겁게 살아보자. 내일의 나는 오늘의 나로부터 시작된다는 것을 꼭 기억하길 바라!

2025년 여름 북한산 기슭에서 고정욱

차례

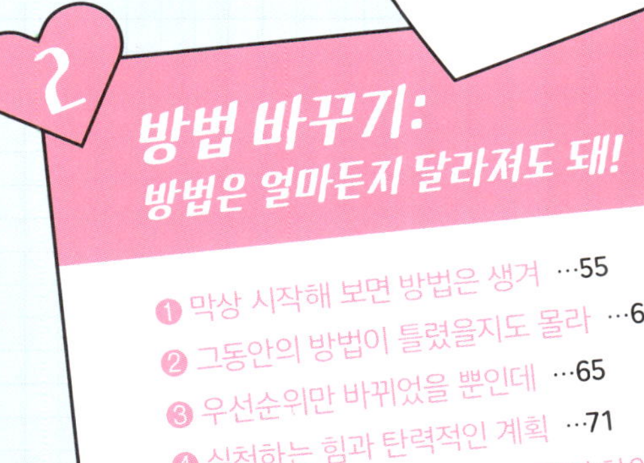

2 방법 바꾸기:
방법은 얼마든지 달라져도 돼!

3 행동 바꾸기:
태세 전환은 강력해야지!

1
생각
바꾸기
생각은 형체가 없는
슬라임이야!
우리에게
볼펜은 없어
어느 곳에
집중하는가!

오늘 할 일을 내일로 미루는 건,
게을러서가 아니라
너무 잘하고 싶다는
부담감 때문인지도 몰라.
다른 사람의 시선에 너무 휘둘리지 마.
남과 비교하지도 말고.

미지의 세계, 낯선 곳에 대한 첫 느낌은 어떠니?

아마도 대부분 두려움을 느낄 거야. 맞아, 그래서 사람들은 친숙한 곳에 머물고 싶어 하지. 나 또한 잘 모르는 분야 앞에서는 조심스러울 때가 많아. 말도 조심하고, 행동도 조심하게 되지. 혹시 실수하면 어쩌나 하는 걱정스러운 마음도 들고 말이야.

그런데 조심하기만 하면 얻는 게 별로 없어. 모르면 모르는 대로, 알면 아는 만큼이라도 무엇이든 표현하고 활용해 봐야 다음 단계로 나아갈 수 있지. 새로운 것도 배울 수 있고.

청소년들 중에는 자신이 무엇을 좋아하는지를 남보다 빠르게 찾아내는 친구들이 있어. 매우 칭찬할 일이야. 그만큼 나를 잘 안다는 거니까. 그렇게 되기까지 얼마나 많은 도전을 했겠어? 그처럼 '나'에 대한 집중과 노력으로 성공한 사람 중의 하나가 바로, 미국의 사업가 일론 머스크야.

머스크는 어릴 때부터 기술과 공학에 관심이 많았어. 그결과, 여러 번의 실패와 좌절을 겪으며 스페이스X와 테슬라를 창립했지. 스페이스X는 민간 우주 탐사 기업으로, 화성탐사를 목표로 여러 가지 사업을 하고 있어. 미국의 전기 자동차 기업인 테슬라는 자율주행 기술까지 더해 자동차 산업에 혁명을 일으켰다고 평가받지.

우리나라뿐 아니라 전 세계의 도로에서 멋진 디자인의 테슬라 전기차를 쉽게 만나 볼 수 있어. 머스크는 태양에너지서비스에 특화된 솔라시티와 뇌신경과학 스타트업인 뉴럴링크 같은 다른 혁신적인 기업도 운영하는데, 세계 경제에 매우 큰 영향을 미치고 있지. 그의 성공과 놀라운 성과들은 모두 좋아하는 일을 꾸준히 한 결과야.

이 책을 읽는 친구들이 나만의 특별한 장점을 찾아보면 좋겠어. 내가 무엇에 자신 있는지, 무엇을 할 때 신나서 열심히 하는지 떠올려 보는 거야. 어떤 친구는 춤을, 어떤 친구는 노래를, 그리고 공부를, 발명을, 글쓰기를, 운동을… 저마다 할수록 재미있고 더 잘하고 싶은 게 있을 거야.

만약 아직 내가 무엇을 잘하는지 모르겠다면 서점이나 도서관에 가 보는 것도 좋은 방법이야. 아무런 부담 없이 관심 있는, 또는 읽고 싶은 책을 꺼내 봐. 잡지도 괜찮고, 만화책도 괜찮아. 고른 책을 살펴보면 내가 어디에 관심 있는지 내 취향이 보일 거야. 책이 읽기 싫으면, 유튜브를 통해서도 살펴볼 수 있어. 과학, 경제, 예술, 스포츠, 건축 등등 다양한 분야의 콘텐츠가 있으니까 도움받을 수 있지.

사람마다 누구나 잘하는 것이 하나씩은 다 있어. 일본의 유명한 동화 중에 까마귀 소리를 잘 내는 소년의 이야기가 있거든. 《까마귀 소년》이라는 작품이야.

소년은 늘 반에서 공부로 꼴찌라 친구들로부터 따돌림을 당해. 외톨이라 혼자 시간을 보낼 방법을 스스로 찾아내야 하지. 소년은 자연의 소리에 귀 기울이고 관심을 갖다 보니 어느덧 누구보다 뛰어난 자연 박사가 돼. 얼마나 새소리를 똑같이 내는지, 까마귀와 교감할 수 있을 정도였지. 어느 날 학예회 무대에 오른 소년은 온갖 까마귀 소리를 내서 사람들로부터 인정을 받아. 소년은 재능 덕분에 더 이상 외롭지 않지.

한 가지만 잘해도 사람들에게 좋은 영향력을 끼칠 수 있고, 감동을 줄 수도 있어. 그런데 내가 잘하는 것이 무엇인지 찾지 않고 남이 잘하는 걸 부러워하거나, 모든 걸 다 잘하고 싶어 하니까 힘든 거야. 이것저것 다 잘하려고 애쓰면, 결국엔 내가 진짜 집중해야 할 것도 못 해내는 상황들이 생겨. 물론, 그렇다고 잘하는 것만 골라서 하라는 이야기는 절대 아니야. 시간 배분, 에너지 배분이 필요해.

그런데 아무리 생각해 봐도 내가 잘하는 게 없다고? 아니, 그럴 리 없어. 아직 못 찾았을 뿐이야. 모든 사람에겐 저마다 가진 능력이 있거든.

청소년기는 '나'라는 자아가 본격적으로 성장하는 시기야. 그래서 좀 힘들기도 해. 호르몬의 영향으로 기분이 좋았다가 갑자기 예민해지거나, 화가 나거나, 우울해지고 속상한 마음이 들기도 하거든. 친구 관계나 부모님과의 관계도 조금씩 어긋나거나 내가 원하는 대로 되지 않는 걸 경험하기도 하고, 공부가 정말 어려워지기도 할 거야. 그래서 '나는 잘하는 게 없어!'라는 생각이 들고 아무것도 하기 싫어질 수 있어. 충분히 이해해. 게을러서가 아니라, 지금 생각이 부정적인 곳으로 흘러가 버린 거야.

생각은 형체가 없는 슬라임이야. 생각을 어떻게 하느냐에 따라 무엇이든 될 수 있고, 아무것도 아닐 수 있지. 생각이 부정적인 곳으로 흘러가도록 내버려두지 마. 긍정적인 방향으로 끌고 오는 게 필요해. 내가 무엇을 좋아하는지, 내가 무엇을 할 때 즐거워하는지를 떠올려 보는 거야. 오로지 나에게 집중하는 시간을 가지면 지금보다 더 생각이 긍정적으로 바뀔 거야.

　일기를 쓰거나 명상을 하면 좋은데, 하루에 딱 한 가지씩만 나를 칭찬해 줘. 그러면 기분이 좋아지고, 뭐라도 해 보고 싶어질 거야. 나는 무엇이든 될 수 있는 슬라임 같은 존재라는 거 절대 잊지 마!

커 보이지만 정작 별것 아닌 고민

제주도 해녀들이 부르는 〈이어도사나〉라는 노래가 있어.

"이어도 사나 아-아 이어도 사나 아-아

이어도 사나 이어도 사나

요넬 젓엉 어-어 어디가리 오-오

진도 바당 아- 홀로나가즈아-."

이런 가사인데, 배를 타고 바다로 해산물을 따러 나갈 때 부르던 민요지. 기록되지 않고 사람들의 입으로만 전해지는 민요의 특성상, 부르는 사람과 지역마다 내용이 조금씩 달라지긴 해.

나는 부모님 모두 제주도가 고향이신 분들이셔서 어릴 적에 할머니가 이 노래를 부르시는 걸 많이 들었어. 이 민요의 가사 중에는 해녀들의 아픔을 노래한 부분이 있거든. 해녀는 매일, 죽음을 가까이 두고 물에 들어가 해산물을 따 와야만 하는 극한 직업이다 보니, 해녀 장비가 부러지거나 망가지면 어떡하나라는 가사가 있어. 그런데 그다음 구절이 또 기가 막혀. 그거 만들려면 재료가 또 없겠냐면서 별로 걱정할 게 없다는 식이지.

사실, 해녀는 장비가 망가지면 먹고살기 당장 힘들고 그날 하루는 굶을 뿐 아니라 사고가 나면 물에서 돌아오지 못할 수도 있어. 그런데도 이렇게 고난이 와도 별것 아니라고 긍정적인 마음을 갖는 거야. 정말 대단한 삶의 자세지?

생각과 고민의 차이

전국의 여러 학교로 강연을 다니다 보면 학생들을 만날 기회가 많은데, 대부분 너무 긴장해 있어. 요즘은 학생부 평가에 엄청 민감하더라고.

"이번 시험 못 보면 정말 큰일 나요."

“왕따당하면, 학교 절대 안 다닐 거예요.”

“요즘은 악기나 운동도 한두 가지는 할 줄 알아야 해요.”

학생들을 만나서 이야기해 보니, 잘하고 싶어서 고민이 큰 거였어. 매순간 남들과 비교하는 거지. 근데, 어른이 되어 학생 때를 되돌아보면 중간고사 성적, 친구와의 갈등, 학교생활기록부 평가들이 인생에서 엄청나게 중요한 일은 아니라는 걸 알게 돼.

그런데 정말 안타까운 건, 어떤 아이들은 이런 문제에 목숨마저 건다는 거야. 청소년기에는 눈앞에 있는 것들이 원하는 대로 되지 않거나 친구 관계가 어려워지면 세상이 무너질 것처럼 걱정하는데, 지나고 보면 별것 아닌 고민일 때가 더 많아.

물론, 고민하는 과정이 모두 나쁘다거나 의미 없다고 말하는 게 아니야. 다만, 지금 당장 해결할 수 없는 고민에 시간과 노력을 너무 많이 쏟지는 말라는 거지. 가끔은 고민을 잠시 쉬는 것도 필요하거든. 고민 때문에 나의 일상이 무너지지 않도록 말이야.

생각과 고민은 같을까, 다를까? 비슷해 보이지만, 좀 달라. 생각은 바꿀 수 있지만, 고민은 마음속으로 괴로워하고 애 태우는 거라서 해결될 때까지 계속 힘들어. 그리고 고민하 는 시간이 너무 길어지면 행동이 소극적이게 되고, 우울해지 고, 화가 나기도 하지. 반복되면 결국엔 위축된 모습이 성격 이 되고 말아. 때로는 고민을 잠시 접어두고 생각을 경쾌하 게, 가볍게 하는 것도 필요해.

이가 없으면 잇몸으로

중고등학교 때 집에서 기타를 치며 놀다 보면, 동생들도 번갈아 치니까 가장 약한 1번 줄이 끊어질 때가 있어. 힘 좋 은 남자아이들이 피크로 마구 두들겨 대니 안 끊어지면 그 게 더 신기한 일이지.

기타 줄이 끊어지면 기타를 못 칠까? 아니, 나머지 5개의 줄로 얼마든지 칠 수 있어. 줄이 있다 생각하고 코드를 잡으 면 돼. 끊어진 줄은 소리가 안 나지만, 다른 나머지 줄이 소 리를 내니까 전문가가 아니면 잘 몰라. 아프리카의 어느 유튜버는 줄이 1개인 기타로도 멋있게 연주하며 노래하더라고. 그 유튜버의 노래 솜씨가 워낙 좋아서 티가 안 난 것이기도 하지만, 없으면 없는 대로 진행했을 때 자연스럽게 되는 일들도 있어. 그래서 이런 속담도 있지. "이가 없으면 잇몸으로 산다."

생각을 바꾸면 즐거워져. 저 넓은 우주의 수많은 별과 행성 중에 지구는 먼지처럼 작은 존재야. 그 작은 지구에서도 작은 나라인 대한민국에 사는 나의 고민은 아주 미미한 것일 수 있어. 그러니 고민 때문에 에너지를 너무 낭비하지 마. 지금 나에게 없는 것들 때문에 화내거나 마음 아파하지도 말고, 누군가를 원망하지도 마.

오늘부터 다짐해 보자고! "고민하느라 오늘 할 일을 내일로 미루진 않겠습니다!"라고.

나와의 긍정적인 대화가 가지는 힘

평가는 '남이 해 주는 객관적 평가'와 '나에게 스스로 하는 주관적 평가'가 있어. 대개 둘 사이에는 차이가 있지.

남들은 나에게 '우리나라에서 책을 가장 많이 출간한 성공한 작가'라고 말해. "작가님의 작품을 읽은 사람이 얼마나 많을까요? 자랑스러우시겠어요." "어떻게 그렇게 많은 책을 내셨어요?" "매번 새로운 스토리를 창조하시다니 정말 대단하세요." "더는 쓰고 싶은 책이 없으시겠어요." 이런 칭찬을 정말 많이 들어.

그런데 오래전부터 글을 썼지만 나는 여전히 하고 싶은 이야기, 쓰고 싶은 이야기가 정말 많아. 일에 욕심이 많은 거지. 그렇다 보니 예전엔 체력이 많이 떨어져서 쉬어야 할 때도 스스로를 가혹하게 몰아붙이며 작품을 썼어. 나 자신에게 참으로 불친절했지.

그런데 요즘은 나에게 친절해졌어. 가끔은 차분히 말을 걸기도 하지. "정욱아, 너 많이 노력했어. 잘하고 있어." 그렇게 말하면 좀 마음에 여유가 생겨.

남들이 인정해 주는 것도 중요하지만, 나 자신을 칭찬해 주면 마음속에 조급함이나 불안감이 사라져. 나 자신과의 대화가 정말 중요한 이유지.

과정도, 작은 성과도 칭찬하기

작은 성과라도 스스로 칭찬하면 남이 응원해 주는 것보다 더 많이 기분이 좋아져. 남들은 결과만을 보고 평가하지만, 나는 알잖아. 내가 얼마나 열심히 노력했는지, 밤잠 설치며 불안해했는지 말이야.

나와 긍정적인 대화를 자주 하면 자기 신뢰와 자존감이 높아져. 스스로에게 격려와 칭찬을 보낼 때, 나 자신을 더 긍정적으로 바라볼 수 있게 되지. 예를 들어, 시험을 앞둔 학생이 "나는 이 시험을 잘 볼 수 있어. 그동안 열심히 공부했으니까!"라고 말하면 시험을 더 담대하게 치르고, 좋은 성적을 얻을 가능성이 높아져.

운동선수들이 큰 경기에서 "할 수 있다"라고 소리 치며 자신에게 응원을 보내는 것도 마찬가지야. 리우올림픽의 펜싱 금메달 결승전에서 헝가리의 42세 베테랑 선수 임레 게저와 맞붙은 우리나라 박상영 선수 이야기를 아니? 그는 자기와의 대화에서 기적을 이룬 사람이야. 결승전에서 10:14로 지고 있었는데, 15점을 먼저 획득하면 이기는 게임이니까 단 1점만 내줘도 끝나는 상황이었어. 특히 펜싱의 에페 종목은 동시 공격일 경우에 양쪽 모두 점수를 인정받기 때문에, 완벽하게 공격해야 이길 수 있거든.

박상영 선수는 불리한 상황인데도 마지막까지 포기하지 않았어. 내리 완벽한 공격을 퍼부으며 4점을 따내면서 마침내 동점을 만들었지. 그리고 마지막 공격을 성공해 역전 우승했어. 이때 중계 화면을 보면, 박상영 선수는 잠시 쉬는 시간에도 계속 자신에게 "할 수 있다. 할 수 있다"라고 말해. 나와의 긍정적인 대화가 결승전이라는, 그리고 마지막 한 점도 내주어선 안 된다는 스트레스와 불안을 감소시켰고, 오로지 나의 플레이에 집중할 수 있게 힘을 준 거야.

남과 비교하지 않기

긍정적인 자기 대화는 목표를 달성하는 데도 중요한 동기부여가 돼. 꾸준히 목표를 향해 움직일 수 있는 원동력인 거지. 루이자 메이 올컷의 소설《작은 아씨들》에 나오는 '조 마치'라는 둘째 딸은 긍정적인 자기 대화를 할 줄 아는 인물이야. 그녀는 작가가 되기까지 어려움과 좌절을 겪지만, 항상 자신에게 이렇게 말해.

"나는 이룰 수 있어. 내 글은 가치가 있어."

조는 스스로를 위로하고 용기를 낼 줄 아니까 출판사에서 자신의 원고가 거절당했을 때도 실망하지 않아. 오히려 스스로를 격려하지.

"이 경험이 나를 더 강하게 만들 거야. 더 나은 글을 나는 쓸 수 있어."

가족과 친구들로부터 얻는 지지와 조언도 중요하지만, 긍정적인 자기 대화는 성장과 성공에 큰 영향을 미쳐. 그녀는 종종 거울을 보며 이렇게 말하곤 해.

"나의 이야기는 많은 사람들에게 영감을 줄 거야."

긍정적인 자기 대화에서 정말 중요한 건, 남과 비교하지 않고 내가 할 수 있는 것에 집중하는 거야. 닮고 싶은 사람이 있는 건 좋은 거야. 그리고 선의의 경쟁자가 있는 것도 좋은 거고. 멘토가 있는 것도 매우 좋아. 하지만 누군가와 똑같아지려고 애쓰는 건 좋지 않아. 나와 그 사람은 다르니까.

그래서 나의 고유한 장점을 발견하는 자기 대화가 필요해. 조용한 시간에 나에게 이렇게 물어봐. "너는 뭘 잘하니? 너는 어떤 사람이 되고 싶어? 너는 어떠한 모습의 네가 좋아?"라고.

물론 스스로를 책망하고 싶을 때도 있을 거야. 그럴 때도 잘못한 것만 지적해야지, 나의 존재 자체를 부정하는 건 좋은 방법이 아니야. "이 바보야! 넌 안 돼!" "네가 그럼 그렇지." 이런 부정적인 말을 하면 결국엔 아무것도 하기가 싫어져. '무기력'이라는 말 들어봤지? '우울감'이라는 말도 들어

봤을 거고. 이러한 감정들은 타인에게 받은 상처 때문에 생기기도 하지만, 내가 나를 너무 꾸짖을 때도 커져.

오늘부터라도 《작은 아씨들》의 조처럼 거울을 보면서 나 자신과 대화를 나눠 봐. 나를 성장시키는 것도 나고, 나를 올바른 방향으로 이끄는 것도 나야. "하늘은 스스로 돕는 자를 돕는다"라는 말 알지? 어떤 일을 이루기 위해서는 자신의 노력이 가장 중요해.

내가 나를 응원하고, 나를 위해 힘쓸 때 비로소 온 우주와 세상이 나를 돕게 되는 법이야. 나는 작은 존재일지라도 내 안에는 어마어마한 미지의 우주가 있다는 걸 기억해야 돼. 끊임없는 자기 대화로 그 우주에 긍정의 파동이 일어나게끔 해야 하고. 지금 당장!

4 자신감에 펌프질이 필요한 순간

코로나19가 대유행한 시기에 많은 변화가 있었어. 당시에 작가로, 강연가로 활발하게 활동 중이던 나 역시 그 변화로부터 자유로울 수 없었지. 그땐 바이러스 감염 걱정 때문에 대부분의 학교 강연이 줄줄이 취소되었어. 당연히 위기의식을 느꼈지. '이 코로나가 언제까지 이어지려나?' 하는 걱정도 컸고. 세계 각국에서 피해가 워낙 심했으니까.

코로나 때문에 대부분의 강연이 온라인으로 진행되었고, 출판사 미팅도 대부분 온라인으로 했어. 변화에 익숙해지지 않으면 안 되는 엄청난 상황이었지. 그때 온라인 수업을 사업 모델로 하는 회사가 몇몇 생겨났는데, 그중에 K라는 회사로부터 글쓰기 강의를 온라인 수업으로 해 보자는 제안을 받았어.

"선생님, 온라인으로 집에서 교육 받는 강의가 요즘 유행이에요. 거기에서 글쓰기 교실을 한번 열어 보시죠."

새로운 분야에 도전하길 좋아하고 호기심이 많은 나는 바로 대답했지.

"한번 해 보죠. 재밌겠는데요!"

서둘러 온라인 강의 기획서를 만들었어. 먼저 초등학생 때 반드시 익혀야 할 글쓰기를 다섯 가지 골랐지. 독서와 감상문 쓰기, 주장하는 글, 일기문, 생활글(에세이), 기본 문장론 등으로.

강의 주제가 빠르게 정해졌지만 내심 두렵기도 했어. '온라인 강의에 학생들이 얼마나 들어올까? 비대면으론 글쓰기 강연을 안 해 봤는데 가능할까?' 하는 염려가 있었거든. 하지만 나는 계속 희망적인 말로 자신감을 펌프질했어. "《가방 들어주는 아이》가 교과서에 실려 있으니까 나를 아는 사람이 있을 거고, 강의가 궁금할 거야" "온라인으로 내 강의를 직접 듣는 거니까 좋아할 거야" 하면서.

마침내 온라인 글쓰기 교실이 오픈되었는데, 정말 놀라운 일이 벌어졌어. 개설하자마자 정원이 꽉 찬 거야. 강연 회사에서도 이렇게 빨리 마감된 적이 없다며 좋아했지.

자신감이 필요한 이유

내가 시작하는 걸 두려워하지 않는 이유는, 자신감이 있어서야. 처음 하는 일도 두려워하거나, 안 될 거라고 생각한 적이 별로 없어. 나는 자신감에 펌프질하기를 잘하거든. 자신감이 필요한 이유를 지금부터 하나하나 설명해 줄게.

첫 번째로, 자신감이 있으면 실패를 두려워하지 않아. 낯선 상황에 닥쳐도 도전하려는 용기가 생기지. 성공하는 만큼 실패도 하지만, 많이 시도할수록 점점 성공할 확률이 높아져. 왜냐하면 다양하게 성공 방법들을 생각하고 준비하기 때문이야.

두 번째로, 자신감이 있으면 경험을 쌓는 걸 즐기게 돼. 인생을 살아갈 때 가장 큰 자산이 뭔 줄 아니? 바로, 경험이야.

교육도 결국은 경험을 쌓는 과정이거든. 실패도 경험이야. 시도해 보지 않고 웅크리고만 있으면 나만 손해야. 나의 가능성을 믿고 시작해 보는 거야. 자신을 믿어 주는 거지. 지금의 모든 경험이 나중에 큰 도움이 될 거라고 생각하면서 말이야.

세 번째로, 자신감이 있으면 무슨 일이든 다 재미있어져. 하루는, 내가 쓴 책을 발달장애인 아이들이 사용할 수 있도록 쉽게 만들어 보급하고 싶다는 연락을 받았어. 출간했던 책의 내용을 간략하게 줄이면 되는 일인 줄 알고 쉽게 허락했는데, 막상 시작해 보니 할 일이 정말 많더라고. 발달장애인 아이들은 일반 학생보다 복잡한 내용을 이해하는 데 어려움이 있기에 많이 고쳐야 하는 거였어.

〈까칠한 재석이〉 시리즈를 예로 들면, 주인공 재석이가 학교에서 일진이라는 설정인데, 발달장애인 아이들 중에는 일진이 무엇인지 모르고, 왜 일진이 되었는지도 전혀 이해하지 못하는 경우가 있어서 문장과 내용을 많이 수정해야 되더라고. 그런데 나는 이 상황이 힘들게 느껴지기보다는 새롭고 재미있는 일이라는 생각이 들었어. 당연히 나의 대답은 "좋아요. 해 볼게요. 자신 있어요"였지.

한 번도 해 보지 않은 작업이었지만, 기회가 생겼을 때 도전하지 않는다면 어찌 좋은 작가라 할 수 있겠어? 작업이 쉽지는 않았지만, 덕분에 내 책을 읽는 독자가 늘었지. 이처럼 처음 해 보는 낯선 일을 재미있는 일로 만드는 건, 내가 자신감이 있기 때문이야.

네 번째로, 자신감이 있으면 과감해지고 그만큼 확신을 가지고 무엇이든 하게 돼. 그럼 당연히 성공할 확률이 높아지지. 반드시 해 내기 위해 집중하거든. 나는 신간이 나올 때마다 늘 자신 있는 목소리로 출판사에 이렇게 말해.

"이 책은 잘 나갈 겁니다. 반응이 좋을 거예요."

작가가 이렇게 자신감을 보이면 출판사도 열심히 마케팅하게 돼. 베스트셀러는 작가 혼자서 노력한다고 되는 게 아니야. 작품이 물론 좋아야 하고, 독자의 욕구와 시대 상황, 마케팅이 잘 맞아떨어져야 독자의 선택을 받는 베스트셀러가 될 수 있어. 한마디로 여러 사람의 노력과 하늘의 도움이 모두 필요한 거지. 작품에 대한 기대감과 자신감을 가지고 밀어붙였을 때 따라오는 놀라운 기적과 같은 성과는 경험해 보지 않으면 절대 알 수 없어!

혹시라도 '내가 부족하면 어쩌지', '인정받지 못하면 어떡하지', '실패하면 어떡하지' 하는 두려운 마음이 생기려고 하면, 얼른 그 감정에서 벗어나야 해. 시작도 해 보기 전에 도망가거나 물러날 생각을 해선 안 돼. "자신감 있게 해 보자!" 이런 자세가 필요해. 오늘부터 당장 자신감에 펌프질을 시작해 보자고! 크게 나를 응원하는 문장을 써서 가장 잘 보이는 곳에 붙여 두는 것도 좋은 방법이야.

해 보죠 뭐,
재밌잖아요!

나는 누가 새로운 제안을 하면 항상 이렇게 말해. "해 보죠 뭐, 재밌잖아요!" 말버릇이지. 최근에도 많이 사용하고 있어. "생각한 대로 말하게 된다"는 걸 알고 있니? 긍정적으로 생각하는 사람은 절대로 부정적으로 말하지 않아. 그러니까 긍정적인 사람의 말투를 따라 해야 해.

어떤 사람들은 똑똑한 척하느라 지적하길 좋아하고, 비판부터 하는데, 그런 말과 행동이 항상 좋은 건 아니야. "그런 게 어디 있어?" "아, 그게 아니고…"라고 습관적으로 말하는 사람과는 거리를 두는 게 좋아.

성공하는 사람들은 작은 가능성도 크게 바라보는 긍정의 확대경을 가지고 있어. 남들이 보기엔 힘들어 보여도, 성공하는 사람들은 '할 수 있는 방법'이 먼저 보여. 그럼 어려운 일도 만만해지지.

몇 년 전 《주석으로 쉽게 읽는 고정욱 삼국지 세트》를 발간했을 때의 일을 들려줄게. 총 10권인 이 세트는 5년에 걸쳐서 작업했어. 지금까지 출간된 수많은 《삼국지》를 읽고 정리한 다음, 나의 지식으로 새롭게 편집한 책이야. 어린이와 청소년들이 재미있게 읽을 수 있도록 스토리텔링 형식으로 구성하고, 각주를 달아 교양을 쌓게 했지.

어느 날 출판사의 담당 편집자와 마케팅 담당자가 요즘 유행하는 홍보 방법이라며, 유튜브 방송에 출연하길 제안했어. 〈고정욱TV〉라는 개인 유튜브 채널을 가지고 있지만, 다른 사람의 유튜브에 출연하는 건 처음이라 새롭더라고. 초등학교 선생님이셨던 분이 만든 유튜브라서 엄마들이 많이 볼 뿐만 아니라, 자녀 교육에 관심 있는 독자들이 '구독'과

‘좋아요’를 많이 눌러 준다는 거야. 나는 기꺼이 말했지. “해 봅시다. 재밌겠어요.”

나는 돋보이려고 빨간 옷을 입고 빵모자까지 썼어. 영상은 유튜브에서 지금도 볼 수 있으니까 찾아서 봐. 나는 주로 엄마들이 본다는 점을 생각하면서 책을 재미있게 소개했어. 결과는 대만족. 덕분에 책이 많이 팔리고, 사랑을 듬뿍 받았지. 그 뒤로 다른 유튜브에도 여러 번 출연했고, 심지어 인스타그램 라이브 커머스에까지 진출했어. 내가 직접 1시간 동안 책을 홍보하면서 수시로 올라오는 댓글에 답해 주었는데, 놀랍게도 그 라이브 방송에서 최고의 시청률과 최고의 판매를 올렸다는 거야.

만일 내가 온라인 미디어 환경을 두려워하고 멀리했다면 이런 성과는 없었을 거야. 주변 사람들에게 이야기했더니 다들 놀라더라고. 내 나이에 적극적으로 유튜브를 활용해 책을 알리는 게 신기한 모양이야. 요즘 젊은 작가들 중엔 이렇게 홍보하는 경우가 종종 있지만, 대부분의 기성 작가들은 출판사에만 홍보와 마케팅을 맡기고 말거든. 나처럼 직접 나서서 책을 판다는 건 아예 생각도 못 하는 작가들이 많아.

　물론 외향적인 성격이냐, 내향적인 성격이냐에 따라서 행동하는 게 차이가 있겠지만, 그것보다 더 중요한 건 '내가 할 수 있는 일이라면 해 보자'라는 사고방식의 차이라고 생각해. '굳이 내가 해야 해?'라고 생각하면 소극적이거나 다른 사람에게 미룰 수밖에 없어. 그럼 모든 성공과 그 기쁨은 나를 통해서가 아니라 다른 사람을 통해서 얻어진 거니까 감동도, 행복도 줄어들 수밖에 없지. 그럼 재미없잖아!

　컴퓨터에 익숙하지 않았을 때 내가 제일 두려워했던 건 엑셀 파일이었어. 한글 파일이나 워드 문서 파일은 그나마 익숙한데, 엑셀은 사용해 본 적이 없는 프로그램이라서 엑셀로 작업한 파일은 열어 보는 것도, 수정하는 것도 걱정이 되더라고. 그래서 처음엔 잘 활용하지 못했어. 그런데 어느 날, 이런 내 모습이 너무 한심한 거야. 그래서 이렇게 마음먹어 보았지. "까짓거, 한번 해 보자."

　엑셀 파일을 열어서 이것저것 조금씩 인터넷의 도움을 받아 편집하다 보니 재밌더라고. 여전히 젊은 친구들만큼은 잘 활용하지 못하지만, 내가 필요한 만큼은 사용할 수 있게 되었어. '나는 못 한다'라고 생각하고 남에게 부탁만 하면, 그 일은 결국 누군가에게 영원히 의지해야 해.

시도해 보기도 전에 부정적인 생각부터 먼저 하면, 나는 아무것도 못 하게 되어 버려. 나의 가능성이 부정적인 생각 때문에 사라져 버리는 거야.

오늘부터 생각을 다르게 해 보자. 절대로 할 수 없을 것만 같은 일을 할 수 있게 해 주는 마법의 주문을 너에게도 알려 줄게, 따라해 봐.

"해 보죠, 재밌잖아요!"

나는 책마다 작가 소개글에 "독자들의 이메일에 꼭 답장해 주는 걸로 유명하다"라는 문구를 넣고 있어. 아마 내 책을 본 학생들은 알 거야. 그러면 사람들은 이렇게 묻지.

"아이들이 보내오는 메일에 어떻게 일일이 답장하려고 겁도 없이 그런 문구를 넣으세요?"

그럴 때 나는 호탕하게 웃지.

자신 있게 약속할 수 있는 이유

내가 자신 있게 웃는 이유는 두 가지야. 첫 번째 이유는, 학생들이 의외로 이메일을 잘 보내지 않는다는 거지. 일주일에 한두 편의 이메일이 오면 많은 거야. 그것만 봐도 요즘 학생들이 얼마나 호기심이 부족한지, 새로운 것에 도전하는 마음이 약한지 알 수 있지. 그 말은, 다른 학생들보다 아주 조금만 더 열정을 보여도 돋보일 수 있다는 뜻이기도 해. 아마도 나였다면 이메일을 열심히 보냈을 거야. 한 분야에서 인정받는 사람과 대화하는 게 얼마나 귀한 경험인데, 그걸 놓치겠어!

두 번째 이유는, 이메일이 많이 와도 잘 처리할 수 있기 때문이야. 나는 매일 아침저녁으로 이메일을 열어 보거든. 확인하면 그 즉시 답장해. 미룰 필요가 없어. 학생들이 나에게 원하는 답장은 긴 잔소리 같은 답장이 아니야. 간단하지만 자신에게 도움이 되는 날카로운 조언, 또는 반가움을 표현해 주길 원하지. 그런데 왜 능장을 피우겠어? 미루었다가 괜히 나중에 학생에게 이런 말이나 듣지. "선생님, 이메일에 답장도 안 하시고 순 거짓말이셨군요." 그럼 되겠어?

할 수 있는 일은 그 즉시 처리하기, 이것이 남들과 같은 24시간을 살면서도 일을 많이 하는 비결이야. 미루거나 쌓아두면 결국엔 커다란 바윗돌이 되어서 나를 짓누를 수 있으니 절대 미루지 않는 거지.

무슨 일이든 미뤄 봐야 좋을 게 하나도 없어. 사람들이 흔히 미루는 것 중의 또 하나가, 잘못했을 때 사과하는 거야. 나 역시 가끔은 실수하고 나서 관계가 어그러질까 봐 걱정하고 두려워하는 때가 있어. 하지만 그럴수록 오래 고민하지 않고 정면 돌파를 선택해. 숨기거나 도망간다고 문제가 해결되지는 않거든. 그 자리에서 잘못을 시인하거나 용서를 구하거나, 내가 할 수 있는 최대한으로 보상하고 문제를 정리해. 그것이 나를 지키는 길이고, 관계를 유지하는 길이야.

두려운 마음에 실수를 숨기거나 거짓말로 둘러대는 경우가 있을 거야. 당황해서 실수를 모면하려고 거짓말할 수는 있어. 하지만 나중에 돌이켜 보면 그것은 나를 지키는 행동이 아니야. 받아야 할 벌이라면 빨리 받고 털어 버리는 게 훨씬 낫지. 홀가분한 마음을 얻을 수 있거든. 용서받으면 당당해질 수 있어. 그리고 다시는 같은 실수를 저지르지 않겠다는 마음을 먹는 것도 중요하지.

미루다 보면, 해결할 수 있었던 문제가 나중엔 해결할 수 없을 지경으로 커질 수 있어. 내가 대학교에서 학생들을 가르치던 시절의 일이야. 연기과 1학년 학생들에게 '문학개론'을 가르치는데, 이때 토론식 수업을 진행했어. 주제를 정해 주고 그 주제를 팀별로 발표하게 했지. 그런데 그날 발표하기로 되어 있는 조의 조장이 오질 않았어. 조원들도 당황해서 이렇게 말하는 거야.

"조장이 발표문 정리해서 오기로 했어요."

"어제 같이 토론하고 발표문 수정 방안 다 정해서 조장에게 넘겼어요."

그런데 수업 시간이 10분, 20분이 지나도 조장이 안 오는 거야. 전화도 받지 않더라고. 왜 이런 일이 벌어졌는지 아는 사람이 아무도 없었어. 결국 20분 정도 기다리다 휴강했고, 다들 제 갈 길로 가고 말았지.

나는 화가 났어. 사정이 있으면 미리 연락해 줘야 대안을 강구할 텐데, 아무 연락도 없으니 시간만 낭비했잖아. 성인이고, 대학생이면서 이렇게 무책임할 수가 있냐 말이야.

다음 주 수업에서야 나는 진상을 알게 됐어. 조장이 밤새 준비했지만, 발표할 수 있는 수준으로 자료를 만들지 못한 거야. 책임질 수 있을 것처럼 말해 놓고 발표를 못 할 것 같으니까 두려워 모든 전화를 받지 않고 잠수 타 버린 거지. 아마도 시간이 지나가기만 기다리며 두려움과 고통에 떨었을 거야. 나는 그 학생을 따로 불렀어.

"만약 부족하면 부족한 대로 가져와서 발표했다면 다른 학생들에게 폐는 덜 끼쳤을 거다. 자네는 도망칠 수도 없고 미룰 수도 없는 모두와의 약속을 깬 거야."

세상에는 미루고 회피해서 해결될 일이란 없어. 차라리 당당하게 자신의 잘못을 인정하고 해결책을 함께 고민했더라면 좋았을 거야. 그 학생은 결국 F 학점을 받고 말았어. 발표 때문에 그런 거냐고? 아니, 다음 수업부터 안 들어왔기 때문이야. 조원들에게 미안하고 창피해서 수업에 들어올 수 없었던 거지. 아마도 그 경험이 조장 친구에겐 좋은 약이 되었을 거로 생각해.

안 된다고 하니까
안 되는 거야

나는 SNS 활동을 활발히 하는 작가 중의 한 사람이야. 내 일상을 소개하는 이 활동은 독자들에게 소소한 재미를 줄 뿐 아니라, 나에 대한 관심을 지속적으로 유지하게 해 주지. 무엇보다도 나는 독자들과 소통하는 게 너무 좋아. 독자들이 궁금해하는 질문에 대답해 주고, 새로운 아이디어도 얻을 수 있어서야. 과거에는 이런 게 없었거든.

나는 독자들이 보내 주는 메시지나 SNS에 올린 글도 자세히 읽어. 그러다 가끔 정말 글을 잘 쓰는 사람들의 글을 볼 때가 있어. 다음 글이 읽고 싶은 생각이 들 정도로 말이야. 나는 그런 사람에게 용기를 내서 DM을 보내지.

"글 정말 잘 쓰시네요. 작가에 도전해 보세요. 부족한 점은 제가 지도해 드리면서 성장에 도움을 줄게요."

독자 입장에서 기성 작가가 자신의 글을 보고 좋다고 칭찬해 주는 건 평범한 경험이 아니잖아? 얼마나 좋은 기회야! 그런데 대부분 이렇게 답장이 와.

"아유, 저는 글에 소질이 없어요. 저 같은 사람이 어떻게 작가가 되겠어요, 감히."

이런 답장을 받으면 나는 정말 요즘 속된 말로 "헐!" 하는 거지. 아니, 평생 글로 먹고사는 작가가 나름의 안목으로 "잘 쓴다"고 칭찬하며 좋은 제안을 했는데, 왜 못한다고 말하는 거야?

처음엔 '왜 이리 건방질까?'라고 오해했는데, 가만히 생각해 보니 그 사람은 '안 된다'는 거에 익숙해진 거였어. 일단 부정적인 생각부터 하는 거지. 물론 겸손함의 표현일 수도 있어. 하지만, 지나친 자기 부정은 오히려 독이 되는 것 같아.

그런 반응을 보이면 나는 더 이상 권유하고 싶지가 않아. 그리고 속으로 이렇게 생각하지. '아, 재능 있는 사람 하나가 사라지는구나.' 안타까운 일이야.

중국의 부호인 마윈은 '가난한 사람과 일하기가 얼마나 힘든지'에 대해서 인터넷에 글을 올린 적이 있어. 처음 들으면 무슨 소린가 싶어서 조금 당황스러울 수도 있지만, 마윈이 말하려는 핵심은 단순해. 가난한 사람들이 문제라는 게 아니라, 그들의 생각과 태도가 문제라는 거야.

그가 말하길, 가난한 사람들에게 새로운 아이디어를 제안하면 대개 이런 반응이 돌아온대. "그거 너무 어려울 것 같아요", "해 본 적 없는데 될까요?", "시간이 너무 걸리지 않을까요?", "돈이 없어서 힘들어요", "내 주변 사람들도 안 할 것 같은데요?"

이 사람들은 뭐든 '안 된다'만 생각하는 데 익숙해져 있는 거야. 그 익숙함이 그들을 가난이라는 상태에 가두는 거지. 마윈은 아마도 이렇게 생각했을 거야. '안 되는 이유를 찾는 대신, 되는 방법을 찾는 사람이 성공한다.'

우리도 비슷한 상황을 경험하잖아. 어떤 기회를 줬을 때, "안 돼요", "못 해요" 하는 사람들은 결국 그 기회를 놓치고 말아. 지나치게 겸손을 가장하거나 자기 부정을 습관처럼 하는 태도가 발목을 잡는 거지.

전국에 있는 여러 학교와 도서관으로 휠체어를 타고 강연을 다니다 보면, 학교에 내가 쓸 수 있는 경사로가 없다는 이야기를 간혹 듣곤 해. 그러면 나는 말하지.

"선생님, 경사로를 찾아보세요. 분명 있을 거예요."

그러면 대부분 말하길, 본 적이 없다는 거야. 체육관이나 강당에 경사로가 있는 걸 못 봤대. 그러면 나는 미소를 지으며 다시 말하지.

"선생님, 어딘가에 숨겨 놨을 겁니다. 2017년에 전국에 예산이 내려가서 경사로를 구매하도록 다 준비가 되어 있어요. 찾아보시면 있어요. 만약에 없다면 그거는 정부 예산을 딴 데 쓴 거니까 큰 문제가 됩니다."

그러면 다음 날 기쁜 목소리로 연락이 와.

"선생님, 창고에 포장 씌워서 처박아 놓는 바람에 몰랐어요. 오늘 설치하겠습니다."

만약 담당자가 찾아보지도 않고 계속 "없다", "안 된다"

그랬다면 나는 아마 기껏 사 놓은 경사로가 있는데도 사람들의 손에 들려서 연단에 올라가야 했을 거야.

처박아 놓은 경사로처럼 재능이나 능력은 정작 그걸 소유한 사람이 잘 못 보는 수가 있어. 꽁꽁 숨겨져 있기 때문이야. 그럴 때 주변에서 그걸 알려 주는 사람이 있다면, 정말 고마운 존재지. 그런 역할을 가장 많이 하는 분들이 선생님들이야. 선생님들은 오랫동안 아이들을 가르쳤기 때문에 많은 데이터를 갖고 있어. 남 앞에 잘 나서는 아이들은 사교성이 좋으니까 연예인이나 마케팅 관련 일을 하면 좋겠다, 내성적이고 깊이 파고드는 아이들은 연구자나 과학자가 되면 좋겠다, 이런 식으로 나름의 빅데이터가 있는 거야.

그러니까 나를 오래전부터 살펴봐 주신 선생님이나 전문가분이 어떠한 것을 제안할 때, 거절부터 하지 마. 겸손은 오만하고 자랑하고 싶어 몸이 근질근질한 사람이 갖춰야 할 덕목이지, 어린 학생들은 그럴 필요가 없어. 자기 안에 있는 가능성과 열정을 누군가가 발견해 주면 감사하게 생각하고 무조건 도전해 보는 거야. 그것을 시작으로 새로운 삶이 개척될 수가 있어.

지나친 겸손과 거절은 아무것도 하지 않겠다는 뜻이기도 해. 요즘, 강연장에서 아이들에게 꿈을 물어 보면 '아이돌'이라는 친구들이 종종 있어. 그러면 나는 미소를 지으며 갖고 있던 마이크를 건네주면서 말해.

"좋아, 그럼 지금 한번 아이들 앞에서 노래해 봐."

그러면 아이들 중에 십중팔구는 몸을 사려.

"아니, 아니에요. 아이돌 안 할래요."

그런 아이가 어떻게 아이돌이 되겠어? 무대 위에서 능력을 뽐낼 기회를 줬을 때, 멋지게 춤과 노래로 휘어잡을 수 있어야 정말 아이돌이 될 가능성이 있는 거지. 기회가 생겼을 때 사람들 앞에서 노래를 부르거나 춤을 추면, 그게 일종의 작은 성취가 되어서 더 큰 성취로 나아갈 수 있는 거야.

지나친 겸손으로 나를 가리거나 억누를 필요 없어. 잘할 수 있는 것, 좋아하는 것에 집중해서 능력을 발휘하는 경험을 쌓아 나가도록 해 봐. 그렇게 시작하면 되는 거야.

2
방법
바꾸기
방법은 얼마든지
달라져도 돼!
생각은
형태가 없는
슬라임이야!
우리에게
불펜은 많아
C⁺
어느 곳에
집중하는가!

오늘 해야 할 일이
계속 내일로 미뤄진다면,
그동안 해 온 방법이 틀렸는지도 몰라.
기존에 하던 방식대로 하는 게
가장 쉽고 안정적으로 느껴질 거야.
하지만 변화가 필요한
순간들이 반드시 있단다.
나에겐 어떤 방법이 어울릴까?

제주공항에 도착해 렌터카 회사까지 휠체어를 타고 가면서 나도 모르게 절로 비명을 질렀어. 옆에서 동료 시인 K가 그럴 줄 알았다며 비웃듯이 말했지.

"욕심 사납게 책을 잔뜩 들고 오더라니…."

정말 무겁고 너무 힘들었어. 책 박스를 그냥 버리고 가고 싶을 정도였지.

걱정보다 시작이 먼저

사건의 시작은 이랬어. 가을이면 나는 제주도에 강연을 꼭 가거든. 멀리 가는 김에 일주일 내내 강연하게끔 일정을 몰아서 짜. 제주도로 강연 간다는 소문이 나면 여기저기 학교에서 연락이 오거든. 이번에도 월요일에 비행기를 타고 제주도에 갔다가 금요일에 돌아오는 계획으로, 그사이에 강연을 16개나 잡았어.

나는 강연 갈 때마다 학생들에게 선물할 책을 챙겨. 학생 때 책을 많이 읽게 하고 싶어서지. 이번에도 책을 챙기다 보니, 16번 강연에서 3권씩만 나눠 줘도 무려 50권 가까이 되는 거야. 처음엔 망설였지. 그냥 몸만 갈까도 싶었어. 하지만 나를 기다리고 있을 학생들에게 선물을 주고 싶은 마음이 더 컸지. 동행해 주는 K도 있으니 괜찮을 거라고 긍정적으로 생각하며 라면 상자 크기의 박스에 책을 꽉꽉 채웠어.

그런데 문제는, 렌터카 회사까지 가는 거였지. 제주도에서는 렌터카를 빌리려면 공항에서 버스를 타고 회사까지 가야 돼. 근데 나는 알다시피 휠체어를 타니까 아무 버스에나 올라갈 수가 없잖아? 그래서 공항에서 가장 가까운 렌터카 회사를 골랐는데도 며칠 전부터 걱정이 되는 거야. 혹시 장애물은 없을까 고민되면서 두려움이 생기더라고. 낯선 곳에서는 어떤 일이 벌어질지 모르기 때문에 강심장인 나도 긴장하는 건 마찬가지야. 하지만 그래도 걱정만 하고 있진 않아. 우선 시도해 보는 거지.

드디어 출발하는 날, 책 박스를 비행기에 실었어. 제주공항에 도착해서 짐을 찾고는 휠체어에 앉아 무릎 위에 박스를 얹었었지. 가방도 그 위에 올렸고. 지도 앱으로 검색해 보니 다행히 멀지 않아서 K가 휠체어를 밀어 렌터카 회사까지 가기로 했어.

그런데 우리가 생각한 것과는 다른 상황이 펼쳐졌지 뭐야. 걷다 보니 인도가 중간에 사라져 차도로 가야 하더라고. 우리의 모습을 본 경찰관이 지나가다 차를 멈추었어. "여기로 가시면 안 됩니다"라며 제지했는데, 이럴 때 나는 당황하지 않아. 오히려 침착하게 도움을 구했지.

"선생님, 저희가 길을 잃어버렸어요. 바깥으로 나가야 하는데 어떻게 해야 할지 모르겠네요."

그러자 경찰이 오른쪽 샛길로 빠지라며 길을 안내해 주더라고. 덕분에 무사히 공항을 벗어나 500미터쯤 더 가서 드디어 렌터카 회사에 도착했어. 정말이지, 무거운 박스를 차에 옮겨 싣고 나니 몸과 마음이 다 후련하더라고. 서울에서 출발할 때부터 했던 걱정, 즉 책을 이동하는 것과 렌터카 회사까지 가는 게 모두 막상 해 보니 되더라고.

시작하면 예상했던 것보다 어렵지 않게 해결되는 일이 많아. 두려움은 시작하기 전에 우리 머릿속에서 만들어지는 괴물 같은 거야. 어떤 일이든 시작도 안 하고 걱정만 하면, 일이 점점 더 어렵게 느껴져. 하지만 그러함에도 불구하고 막상 진행하면 별것 아닌 경우가 많아. 괴물인 줄 알았는데 알고 보니 별게 아니라는, 실체를 알게 된다고나 할까.

그리고 두려운 일도 일단 시작해서 조금이라도 성과를 내면, 그게 자신감으로 이어져. 내가 처음 책을 쓰려고 할 때도 마찬가지였어. '이게 제대로 완성이나 될까?' 하면서 망설였지만 한 페이지, 두 페이지 꾸준하게 쓰다 보면 어느새 분량이 쌓여. 그러다 보면 끝낼 수 있겠다는 자신감이 생기지. 자신감이 생기면 그다음부터는 점점 속도가 붙어.

꾸준히 하다 보면 도움을 주는 사람이 나타나기도 해. 생각지 못했던 도움을 받는 일도 생기는데, 우선은 시작해야 주변의 도움도, 해결책도 자연스레 나에게 오는 거야.

걱정과 두려움은 시작하기 전에는 크게 보이지만, 막상 부딪혀 보면 할 만해. "시작이 반"이라는 말은 괜히 있는 게 아니라니까. 머릿속으로 걱정만 하지 말고, 일단 시작해 보면 스스로도 놀랄 만큼 쉽게 해결되는 일이 의외로 많아. 나를 돕는 손길이 어디에나 있다는 것도 알게 되고.

그러니 걱정부터 하지 마. 하려던 걸 멈추지도 말고. 방법은 찾으면 얼마든지 생겨. 오늘, 지금 당장 시작부터 해 보자고!

그동안의 방법이 틀렸을지도 몰라

1990년대 초반, 나는 대학에서 학생들을 가르쳤어. 하루는 학과장 교수님께서 나에게 여름 방학 동안 자매결연 맺은 대만의 정치대 한국어 전공 학생들이 올 테니 그들에게 한국어를 가르치라는 거야.

"자네가 서울에서 태어나 표준어를 구사하니까 적격이라 생각하네."

갑자기 외국인들에게 한국어를 가르치게 되니까 떨리더라고. 어떻게 쉽게 알려 주면 좋을까 고민하다가, 영어를 배울 때 팝송을 유용하게 써먹었던 게 생각났지. 그래서 3주 동안 매일 한국 노래를 가르쳤어. 한국어 학습 교재도 이용했지만 그건 별개로 하고, 노래를 골라 악보를 복사해서 나

뉘 주고 함께 불렀지. 그러자 한 학생이 다가와 말했어.

"선생님은 영화 〈죽은 시인의 사회〉 키팅 선생님 같아요."

이야, 최고의 칭찬이었어. 만약 아직 이 영화를 안 봤다면 꼭 보기를 추천해. 작품성도 훌륭하지만, 무척 재밌고 감동적이야.

영화는 보수적인 명문 사립 학교의 이야기야. 학생들은 전통과 규율에 얽매여 자유로운 사고를 전혀 하지 못해. 그런데 새로 부임한 영어 교사 존 키팅은 학생들에게 기존의 틀을 깨고 새로운 시각을 가지라고 가르치지.

그는 학생들에게 책상에 올라가서 세상을 보라고 해. 학생들은 처음에는 두려워하지만, 점차 키팅 선생님의 가르침을 받아들여. 시를 통해 자신의 감정을 표현하고, 자신의 삶을 주체적으로 살아가는 법을 배우지. 학생들은 키팅 선생님의 가르침 덕분에 각자 새로운 길을 찾고, 자신들의 목소리를 낼 수 있게 되지. 어른들이 십 대 청소년기에 좋은 영화를 많이 보고, 좋은 시나 소설, 에세이를 읽으라고 추천하는 이유는, 새로운 시각과 문제 해결 방법을 알게 되기 때문이야.

추천하고 싶은 문학 작품을 하나 더 소개해 줄게. 《모비 딕》이라는 소설이야. 고래잡이 선장 에이해브가 자기의 원수인 백고래를 집요하게 추격하는 이야기지. 그는 모비 딕을 잡기 위해 모든 것을 걸지만, 전통적인 방법으로는 전혀 고래를 잡을 수 없어. 고래가 작은 보트를 다 부숴 버릴 정도로 너무나 강하고 난폭하기 때문이야.

그는 기존의 방법으로는 잡을 수 없다고 생각하고, 자신만의 독창적인 방법을 고안해. 많은 사람이 그의 방법을 미쳤다고 했지만, 에이해브는 포기하지 않아. 결국 그의 끈기와 새로운 시도를 통해 결국 모비 딕과 맞서게 돼. 비록 에이해브의 이야기는 비극으로 끝나지만, 그는 끝까지 자신의 방법을 믿고 새로운 시도를 멈추지 않았어. 이 책을 읽으면 기존의 방법에 얽매이지 않고 새로운 길을 모색하는 것이 얼마나 중요한지를 깨닫게 되지.

때로는 기존의 방법이 통하지 않을 때가 있어. 그럴 때 우리는 두려워하지 말고 새로운 시도를 해 봐야 해. 물론 새로운 시도가 실패할 수 있어. 하지만 실패를 두려워하지 않고 계속해서 도전하는 것이 중요해. 실패의 경험을 통해 우리는 성장하고, 더 나은 방법을 찾을 수 있으니까.

요즘 즐겨 보는 유튜브가 있는데, 파키스탄의 길거리 정비 센터 수리공의 영상이야. 그들은 폐차해야 할 정도로 망가졌거나 오래된 자동차나 기계들을 신출귀몰한 솜씨로 수리해. 감히 상상도 할 수 없는 방법을 사용하지.

가장 인상적이었던 영상은, 자동차의 브레이크 등이 박살나 고장난 것을 새로운 아크릴 판을 가져다가 새롭게 만들어 수리하는 거였어. 교체 수준이 아니라, 아예 부품을 깎아 새롭게 만들어서 수리하더라고.

이처럼 남들과 똑같은 방법이 아니어도 괜찮아. 때로는 익숙한 방법을 버리고 새로운 길을 찾아야 해. 우리의 삶은 각자의 방법으로 만들어가는 거야. 새로운 시도와 아이디어는 인생을 풍요롭게 만들어 줄 수 있어. 만약 그동안 해 왔던 대로 했을 뿐인데 잘 안 되는 일들이 있잖아? 그럴 때 너무 당황하지 마. 또 다른 방법을 알게 되는 기회가 될 테니까.

어느 날 메일로 "학교 과제로 작가님을 인터뷰해야 한다"며 한 학생이 연락했어. 바쁘지만 겨우 시간을 냈지. 그런데 며칠 남지 않은 시점에 갑자기 약속을 깬다는 연락이 온 거야. 학원에 가야 해서 만나러 올 수 없다는 거였지.

나는 좀 어이가 없었어. 바쁜 시간을 내서 만나 주려 했는데, 이렇게 바람을 맞히다니. 아이 말로는, 엄마가 학원 가는 게 더 중요하다고 했다더라고. 뭐, 어쩔 수 없잖아. 우선순위는 가르친다고 곧바로 알게 되지 않으니까.

요즘 청소년들은 해야 할 일이 정말 많은 것 같아. 성적 관리도 해야 하고, 취미 생활도 가져야 하고, 대학 입시 준비도 해야 하고, 학교생활기록부 관리 때문에 책도 세특(세부 사항

및 특기 활동)에 필요한 거로 골라서 읽고, 각종 대회에 참가해 스펙도 쌓아야 하더라고.

이렇게 바쁠 때 가장 중요한 게 우선순위를 정하는 거야. 이것만 잘해도 자신을 체계적으로 관리하고 목표를 달성하는 데 큰 도움이 되거든.

우선순위를 아는 사람의 차이

실제로 성공한 사람들은 대부분 우선순위를 잘 알고 그대로 실천해. 그 이야기를 잠시 들려줄게. 애플의 창립자 스티브 잡스는 무수히 많은 프로젝트를 동시에 진행해야 하기에 항상 우선순위를 고민했어. 집중해야 할 것을 명확하게 정하고, 가장 중요한 목표를 위해 시간을 분배해 사용했지.

잡스는 신제품을 개발할 때도 사용자가 가장 필요로 하는 기능이 무엇인지를 고민해서 그것에 집중해 만들었어. 그의 철저한 '우선순위 설정'은 애플을 세계적인 기업으로 성장시키는 데 큰 역할을 했지.

애플의 제품들 속에는 "중요하지 않은 것들을 제거하고

중요한 것에 집중하는 것이 성공의 열쇠다"라는 그의 철학이 잘 담겨 있어. 꼭 필요한 기능만이 심플한 디자인으로 잘 구현되어 있지. 심플한 디자인 속에 기능을 녹여낸다는 건 결코 쉽지 않은 기술이야. 왜냐하면, 소비자에게 가장 중요한 것이 무엇인지를 개발자가 알아야 하고, 그것을 최적화하기 위해 많은 복잡한 것들을 덜어낼 수 있는 최첨단 기술이 뒷받침되어야 가능한 일이거든. 그것을 애플은 해냈고, 그래서 많은 사람에게 사랑을 받고 있지.

영화 〈에린 브로코비치〉를 본 적 있니? 대기업의 불의에 맞서 싸운 실제 인물인 에린 브로코비치의 이야기를 바탕으로 만들어진 영화야. 그녀는 세 아이의 엄마로, 직업을 구하지 못해 경제적으로 어려움을 겪고 있었어. 그러던 중, 작은 로펌에서 서류 정리 아르바이트를 시작하게 돼. 그러다 우연히 캘리포니아주 힝클리 마을에서 발생한 수질 오염 사건을 알게 되지.

그녀는 정의감에 불타올라 이 사건을 깊이 파고들기로 결심해. 집집마다 방문해서 주민들과 인터뷰하고, 오염된 물이 주민들의 건강에 미친 피해를 조사하지. 그 결과, 대기업 PG&E가 이 모든 문제에 책임이 있다는 것을 마침내 밝혀내고, 에린은 소송을 준비해. 그 과정이 영화 속에 잘 나타나는데, 소송 때문에 많은 어려움을 겪지만 에린의 끈질긴 노력 덕분에 마침내 힝클리 주민들은 대규모 배상금을 받게 되고, 에린은 그 공로를 인정받지. 전문 변호사들도 손사래 치며 승소하기 어렵다고 거절했던 환경 범죄 사건을 에린이 멋지게 해결한 거야. 그 모습은 영화의 감동을 넘어 실화라는 점이 더 소름 돋을 정도로 짜릿해.

이 영화는 에린 브로코비치의 용기와 정의감, 그리고 한 사람의 작은 행동이 세상을 바꿀 수 있다는 메시지를 전달해. 또한 소시민인 에린이 지역 주민의 안전과 정의를 그 무엇보다 우선순위에 두었다는 걸 보여 주지. 그녀는 업무와 가정을 병행하며 바쁜 일상을 보내는데, 가장 중요한 일인 소송에 최선을 다해 집중해. 덕분에 승리하는 결과를 얻고, 많은 사람에게 선한 영향력을 끼치지.

우선순위를 정한다는 건 중요한 일과 덜 중요한 일을 구분하고, 시급한 문제부터 해결해 나가는 거야. 그것이 습관되어 있지 않으면 하고 싶은 일부터, 쉬운 일부터 하고 싶어져. 물론 처음엔 우선순위를 정하는 게 어려울 수 있어. 다 중요해 보이거든.

그래서 처음엔 작은 일부터 우선순위를 정하는 습관을 들이도록 노력해 보는 과정이 필요해. 예를 들어 하루의 일정을 짤 때 가장 중요한 일을 먼저 집중할 수 있게 앞으로 놓는 거야. 먼저 할 일과 나중에 할 일을 정하는 게 처음엔 어색하겠지만, 점차 체계적으로 일을 처리하는 능력이 향상될 거야. 미루는 습관도 점차 사라질 거고.

나의 다이어리에는 항상 해야 할 일이 10가지 정도 적혀 있어. 하나씩 지워 나가면서 하다 보면 어느새 하루가 저물지. 힘들거나 지치지 않냐고? 아니, 나에겐 성과가 남아. 그리고 성취감이 생기지.

우선순위는 삶을 단순화하고, 더 나은 선택을 할 수 있게
해 주는 도구야. 복잡한 일상에서도 나의 목표를 잃지 않고
체계적으로 앞으로 나아갈 수 있게 도와주거든.

우리가 어떤 일을 할 때에는 집중력이 특별히 더 필요한
순간들이 있잖아. 그럴수록 한 번에 여러 가지를 하지 말고,
한 가지 일에 집중하면 효율적으로 시간을 쓸 수 있어. 그러
면 완성도도 높아지지.

또한, '하기 싫은 일'도 결국은 내가 '해야 할 일'이라는 것
을 기억해야 해. 내일로 미루기보다는 빨리 끝내고, 남은 시
간을 내 마음껏 자유롭게 즐기는 것이 더 현명해.

머칠 뒤에 인터뷰를 요청해 왔던 학생으로부터 다시 연락
을 받았어. 시험이 다 끝났다고, 인터뷰하고 싶다는 거야. 마
음 같아선 안 하겠다 거절하고 골탕을 먹일까 싶었지만, 다
시 인터뷰 약속을 잡아 주었어. 청소년들은 그렇게 실수를
통해 성장하는 거니까.

요즘은 방학 숙제가 거의 없다는데, 내가 어렸을 때만 해도 방학 숙제가 과목마다 있었어. 곤충 채집, 식물 채집, 만들기, 그림 그리기, 책 읽고 독후감 쓰기, 일기 쓰기 등 참 많았지. 모범생이던 나는 방학 동안 즐겁게 놀고 싶은 마음에 며칠 동안 미리 숙제할 계획을 야심차게 짜지.

가장 먼저 하는 일은 계획표를 만드는 거야. 커다란 대접을 부엌에서 가져와 도화지에 크게 동그라미를 그려. 그리고 동그라미에 눈금 시계처럼 24시간을 표시해. 그 다음엔 시간을 30분 단위로 쪼개서 계획표를 만들어. 취침, 양치질, 개밥 주기, 독서, 숙제하기, 휴식, 놀기…. 하여간 생각나는 대로 계획표에 다 집어넣어.

어디 그뿐이야? 보기 좋게 구분한다고 색칠까지 열심히 해. 완성한 화려한 계획표를 벽에다 떡 붙이고 방학 첫날부터 실천에 들어가. 마루에 밥상을 펴놓고 동생들과 함께 시간표대로 움직이는 거야.

그런데 되돌아보면, 며칠 해 보지도 못하고 그냥 걸려 있을 때가 더 많았던 것 같아. 숙제를 며칠 내에 다 해 버리겠다는 결심은 온데간데없어지고, 실컷 놀다가 개학을 며칠 앞두고서 진땀 빼며 숙제를 하곤 했지.

요즘 청소년들도 공부 계획을 세우는 데 많은 시간을 쏟는다고 해. 공부 다이어리를 열심히 꾸미는 학생도 있고, 책상에 크게 목표를 적는 학생도 있고, 나처럼 시간별로 해야 할 일들을 적어 일정표를 짜는 학생도 있을 거야.

어때? 잘 지키게 되니? 처음엔 의욕이 넘쳐서 철저하고 빽빽하게 계획을 세우지만, 실천하지 못하고 좌절하는 경우가 많을걸. 작심삼일인 거지. 계획한 대로 실천한다는 건 정말 어려운 일이야. 그럼, 계획을 세우는 건 의미가 없는 걸까?

내 소설 중에 《까칠한 재석이가 성장했다》라는 작품이 있어. 공부에 전혀 관심 없던 재석이가 공부법을 배우고, 왜 공부하는지 깨닫게 되는 내용이지. 이 책을 쓰려고 시중에 나온 학습법 책을 정말 많이 읽었어. 덕분에 학습 계획이 얼마나 중요한지를 알게 되었지.

공부법을 알려 주는 대부분의 책들이 "학습 계획을 잘 짜야 한다"고 강조해. 물론 계획은 무척 중요한 게 맞아. 하지만 더 중요한 것은, 실천이야. 실천하려고 계획을 짜는 거잖아. 그래서 계획은 탄력적이어야 해. 유연한 계획은 실패를 줄이고, 더 큰 성취를 가능하게 하니까.

미국의 발명가 토머스 에디슨을 잘 알지? 그는 발명 계획을 철저히 짜고 끈질기게 실천했어. 그가 전구를 발명하기까지 엄청나게 많이 실패했다는 이야기를 들어봤지?

전기를 통하면 발열이 되면서 빛을 발한다는 사실을 알게 된 에디슨은 빛을 내는 소재를 찾기 시작했어. 그는 무려 1

천 번이 넘는 실험을 거듭하면서 다양한 재료를 시험해 보았지. 이 과정에서 그는 실패를 미리 걱정하지 않았고, 오히려 실패 경험을 통해 배우며 실험 계획과 방법을 개선해 나갔어. 한 번은 대나무 섬유를 사용해 보기도 했는데, 전구의 수명이 크게 늘어나는 걸 발견했대. 그렇게 조금씩 괜찮은 소재들을 찾다가 마침내 실용적인 전구를 발명할 수 있게 된 거야. 에디슨은 이렇게 말했어.

"나는 실패한 것이 아니다. 나는 잘못된 방법을 1천 가지 발견한 것이다."

에디슨은 계획에 얽매이지 않고, 상황에 따라 탄력적으로 대응하며 여러 가지를 실험에 적용했어. 새로운 소재의 적용을 두려워하지 않았던 자세가 결국 '전구 발명'이란 혁신적인 성과를 이끌어 낸 거지.

변경되는 계획과 실천

영화 〈설리: 허드슨강의 기적〉은 실제 있었던 비행기 불시착 사건을 배경으로 만든 작품이야. 주인공인 체슬리 설리 설렌버거 기장의 원래 계획은 정상적인 코스로 이륙해서 목적지로 가는 거였어. 그런데 커다란 새가 양쪽 엔진에 부딪히면서 모든 계획이 무산되고 말아. 엔진이 하나만 살아도 어느 정도 운항이 가능한데, 둘 다 고장 나 버린 거지. 기장은 떠나온 공항으로 다시 돌아가야겠다고 계획을 수정해. 하지만 상황은 더욱 급박해졌고, 주위를 살펴본 기장은 새로운 계획을 수립하지. 그는 관제탑에 이렇게 말해.

"뉴욕의 허드슨강에 내리겠소. 다행히 강이 얼어붙어 있어 활주로 역할을 할 거요."

"허드슨강이요? 죄송한데, 제가 잘못 들은 거 맞죠?"

당시 이 말을 들은 관제탑은 놀라 자빠질 지경이었어. 이 모든 상황이 이륙 후 단 6분 만에 일어난 일이야. 매우 긴박한 상황이었지. 기장과 부기장은 엔진이 완파된 비행기를 강에 착수시켜 승객을 구하기로 비상 계획을 세워. 땅에 내리면 착륙이지만 물 위에 내리니까 '착수'인 거야.

"강에 비상 착륙하는 것만이 모두를 살릴 수 있는 유일한 방법이오."

승무원들도 기장의 새로운 계획 변경을 지지했어. 곧 자리로 돌아가 승객들의 비상 착수를 대비했지. 기장과 승무원의 일사불란한 모습을 보고 승객들도 적극 협조했어. 모두 상체를 굽혀 무릎 사이에 머리를 넣었지.

마침내 노련한 기장은 비행기를 무사히 강에 착수시켰어. 그리고 아이들과 여자부터 차례차례 전원 구조했지. 기장은 객실이 비어 있는 것을 확인하고 가장 마지막에 비행기에서 빠져나왔어. 그는 상황에 따라 계획을 변경해 155명의 승객을 구하는 기적을 만들어 낸 거야.

이처럼 계획은 실천 과정에서 얼마든지 변경될 수 있어. 어떤 학생은 계획을 세우고 지키는 것에 너무 몰두해서, 조금이라도 계획이 어긋나거나 수정되는 것에 스트레스를 받거나 또는 죄책감을 가지는데, 그럴 필요가 전혀 없어. 그리고 너무 빡빡하게 계획을 세우면 작은 변화에도 쉽게 무너질 수 있으니까 계획을 너무 촘촘히 짜진 마.

그리고 계획을 세우는 데 너무 많은 시간을 사용하지 마. 실천하는 데 더 많은 시간을 사용하는 게 중요한 거야. 계획을 세워 놓고 실천하지 않으면 아무 의미가 없잖아? 완벽한 계획을 세우려고 애쓰기보다는 실천할 수 있는 계획을 세우고, 계획을 탄력적으로 수정해 나갈 수 있도록 여러 가지 경우의 수를 미리 준비해 두는 게 좋은 방법이야.

계획한 것을 오래도록 실천할 수 있으려면, 조급한 마음을 버리는 것도 필요해. 하루에 모든 계획을 다 실천하려고 하지 마. 한두 개라도 작은 계획을 이루었다면, 스스로를 칭찬해 주는 것도 좋겠어. 그런 보상이 꾸준함을 키우는 데 큰 도움이 되거든.

5

결과의 차이는
스스로 하는 힘의 차이

　얼마 전에 집 앞에 무인 카페가 하나 생겼어. 그곳에 자주 가서 글을 쓰는데, 새로운 아지트가 하나 생긴 셈이야. 카페엔 백색 소음이 있어서 글쓰기나 독서에 도움이 돼. 백색 소음은 다른 말로 '화이트 노이즈'라고 하는데, 제로(0)에서 무한대까지의 주파수 성분이 같은 세기로 골고루 다 분포한 잡음이라, 음 폭이 넓어서 공해에 해당하지 않는 소음을 말해. 일부의 백색 소음은 심리적 안정 효과가 있고, 기억력과 집중력 향상에 도움을 주는 거로 알려져 있지.

　오후 시간에 가면, 인근 학원의 학생들이 삼삼오오 와서 공부한다고 책을 펼쳐 놓고 있어. 그 모습을 보면 기특하다는 생각이 들지. 그런데 내 기대와는 다르게, 많은 학생이 정말 산만해. 잠시 책 보다 휴대폰 보고, 화장실 다녀오고, 문자 보내고, 통화하고, 인터넷 강의 듣다가 문제집 풀고…. 집중력이라고는 찾아볼 수가 없지.

미국에 사는 내 조카는 어릴 때부터 영재 소리를 들었어. 왜 영재인가 싶어 관찰해 보니 집중력이 엄청 좋은 거야. 책을 읽거나 뭐에 몰두하면 옆에서 천둥 번개가 쳐도 몰라. 그래서 남들보다 짧은 시간에 더 많은 것을 습득하는구나 싶더라고. 게다가 스스로 읽고 싶은 책을 고르고, 자기 주도적으로 학습하니까 확실히 차이가 있는 거지.

우리나라의 청소년들은 대학 입시 경쟁으로 인해 정말 많은 시간을 공부하는 데 사용해. 학교 수업 외에도 늦은 시간까지 학원에서 공부하지. 외국의 한 프로그램에서 사회자는 한국 학생들의 스케줄을 보고 놀라며 "한국 학생들은 새벽 5시에 학교 가서 자정이 넘어 집에 올 때까지 공부합니다. 믿거나 말거나죠!"라고 말하더라고. 대한민국 청소년들의 스케줄이 믿기 어려울 정도인가 봐.

하루 이틀도 아니고, 매일 이런 과도한 공부 일정을 보내면 지치고 집중력이 떨어지는 게 어찌 보면 당연해. 하지만 만약 그것이 누가 시켜서가 아니라 자기 주도적으로 계획해서 실천하는 것이라면, 효율적으로 시간을 사용하면서도 더 나은 성과를 얻을 수 있어.

물론 성적을 올리려면 엉덩이의 힘도 필요해. "자기 주도 학습을 위해서는 엉덩이 힘이 필수다"라는 말이 그냥 나온 말이 아니야. 아무리 타고난 머리가 좋아도, 천재적인 재능이 있어도, 그것이 성과로 나타나려면 노력과 시간이 반드시 필요하거든.

"가끔 이런 생각을 해 봐요. '하루가 30시간이면 얼마나 좋을까'라고요. 그러면 피아노 연습을 더 많이 할 수 있으니까요."

누가 이런 놀라운 말을 했을까? 쇼팽 국제 피아노 콩쿠르에서 우승을 차지한 최초의 한국인인 천재 피아니스트 조성진이 한 말이야. 새로운 곡을 익히고 발표하려면 연습할 시간이 절대적으로 필요한데, 그는 연주 여행을 다니면서 틈틈이 새 곡을 익혀야 하니까 항상 시간이 부족해 아쉬웠던 거야. 그러다 코로나19 때문에 해외 투어가 취소되자 그는 실망하기보다 한 달짜리 휴가가 생겼다고 생각한 거지. 그는 매일 7~8시간씩 집에서 피아노를 연습하고 새로운 악보를 구해 공부하는 것에서 행복을 느꼈다고 말했어.

조성진은 어린 시절부터 피아노에 대한 열정이 남달라서 스스로 목표를 설정해 꾸준히 연습했대. 자신에게 맞는 방법을 스스로 찾아내 집중적으로 연습한 것이 성공의 비결이었지.

자기 주도적으로 세우는 확실한 목표

학습에도 마찬가지로 자기 주도성이 중요해. 스스로 목표를 설정하고, 계획을 세우고, 이것을 실천하는 과정을 반복해야 하지. 그렇다고 학교나 학원에 다니지 말고 독학하라는 의미가 아니야. 학교와 학원의 도움을 받으면서도 자기 주도적으로 공부할 수 있어.

　스스로 하는 자기 주도성을 키우려면 목표를 명확히 설정해야 해. 목표는 단기, 장기로 나눌 수 있어. 단기 목표는 구체적이고 지금 당장 할 수 있는 것들로 설정하는 거야. 가령, 공부 체력을 키우기 위해 매일 턱걸이 10개 하기, 수학 성적 10점 올리기, 문제집 3회 풀기 같은 바로바로 성과를 낼 수 있는 목표지. 장기 목표는 좀 더 먼 미래이고 희망 사항이 들어가기 때문에 이미지 트레이닝을 함께 하면 좋아. 원하는 대학 입학하기, 대학에 들어가서 동아리 하나 만들기, 애플이나 엔비디아에 입사하기 등, 미래의 모습을 상상해서 머릿속에 그려 보는 거야. 그러면 지금 내가 무엇부터 열심히 준비해야 하는지가 명확하게 떠오를 거야.

　목표를 설정한 후에는 구체적인 계획을 세워야 해. 너무 빡빡하게 세우지 않고, 유연하게 조정할 수 있도록 하면 좋아. 또한, 매일 일정한 시간을 정해 꾸준히 공부하는 습관을 기르는 것도 중요하지. 짧은 시간이라도 집중해서 공부하는 것이 긴 시간을 무작정 공부하는 것보다 훨씬 더 효과적이니까.

독서, 인터넷 강의, 온라인 학습 플랫폼 등을 활용하는 것
도 자기 주도 학습의 방법이야. 자신의 흥미와 관련된 주제
를 탐구하거나, 필요한 자료를 찾아보는 과정에서 스스로 학
습하는 능력을 키울 수 있거든. 또한 친구들과 스터디 그룹
을 만들어 서로의 학습을 도울 수도 있어.

시간 관리도 자기 주도로 하는 습관을 들여야 해. 학교 밖
에서의 시간 관리가 무엇보다 중요한데, 휴식과의 균형이 중
요하거든. 너무 많은 시간을 공부에만 할애하지 말고, 적절
한 휴식과 취미 생활을 통해 재충전의 시간을 가져야 해. 나
의 경우 글 쓰는 게 삶이고 취미이고 즐거움이지만, 작업은
언제나 육체적으로나 정신적으로 고되지. 그래서 종종 휴식
을 위해 영화를 보거나 음악을 들어. 오랜 시간 집중하려면,
지치지 않으려면, 즐겁게 하려면 '스스로' 해야 해. 가끔씩
나에게 보상도 해 주면서 말이야.

오늘, 무엇부터 해 볼래?

6

집중력을 높이는 세 가지 방법

지방으로 강연 갔을 때의 일이야. 기차에서 내려야 하는데 리프트(동력을 이용하여 사람을 아래위로 이동시키는 장치)가 준비되어 있지 않아서 기차에서 내리지 못하고 있었지. 그런데 한참을 기다려도 하차를 도와줄 사회복무요원이 오질 않는 거야. 기차는 다음 역으로 곧 떠나야 하는데, 그야말로 난리가 났지.

"고객님. 저희가 내려 드릴게요."

객실 내 안전 업무를 담당하는 승무원이 무거운 리프트를 낑낑대며 나에게 대 주려고 하는데, 그제서야 저만치에서 젊은 사회복무요원이 헐레벌떡 달려오는 거야.

"죄, 죄송합니다."

진땀을 흘리며 달려온 그가 들고 있던 스마트폰을 뒷주머니에 넣고는 황급히 리프트를 설치해서 나를 내려 주었어.

"왜 늦었어요?"

근무한 지 며칠 안 되었다는 사회복무요원은 솔직했어.

"오면서 잠깐 유튜브를 보다가 그만 다른 승강장으로 내려갔습니다. 죄송합니다"

요즘 스마트폰, 인터넷, 게임 등으로 인해 지금 해야 할 일에 집중력을 유지하는 것이 어려워졌어. 이 사회복무요원도 집중력을 엉뚱한 곳에 쓰고 만 거야. 집중력은 학습과 목표 달성에 중요한 요소야. 물론 엉뚱한 곳에 집중하면 해야 할 일을 그르치게 되지.

집중력을 어떻게 높일까?

우리 주변의 능력자들은 놀라운 집중력을 가진 사람들이 대부분이야. 스포츠, 기업, 예술 등 어느 분야든 집중력 없이 성과를 낼 수 있는 곳은 없다고 해도 과언이 아니야.

나 역시 고도의 집중력이 없었다면 그 많은 책을 출간할 수가 없었겠지. 그럼 집중력은 어떻게 높일 수 있을까? 내가 해 보고 효과가 컸던 방법을 몇 가지 알려 줄게.

첫 번째 방법은, 환경 정리야. 주변 환경을 깨끗하게 정리하면 불필요한 방해 요소를 줄일 수 있어. 공부할 땐 스마트폰을 멀리 두고, 책상 위에는 필요한 자료만 올려놓아야 해. 되도록 조용한 공간을 선택하는 것이 좋아. 백색 소음의 도움을 받는 경우도 있겠지만, 그건 집중력이 좋은 사람만 가능한 거야. 내가 집중력이 부족한 사람이라면 이어폰으로 음악을 듣거나, 핸드폰을 가까이 놓아서는 안 돼.

환경 정리 방법은 미국의 페이스북 창시자 마크 저커버그가 회사를 창업할 때 사용한 방법이기도 해. 그는 항상 작업 환경을 깨끗하게 유지하고, 집중할 수 있는 공간에서 일했다고 알려져 있어.

두 번째 방법은, 집중할 시간을 정해 놓는 거야. 포모도로 기법을 활용해서 25분 동안 집중하고, 5분 동안 쉬는 사이클을 반복하는 방법을 추천하고 싶어. '포모도로(Pomo d'oro)'는 이탈리아어로 토마토를 의미하는데, 프란체스코 시릴로가 대학생 시절에 토마토 모양으로 생긴 요리용 타이머를 이용해 25분간 집중 후 휴식하는 방법을 제안한 데서 유래되었지. 짧은 시간 동안 오로지 집중하고 휴식을 취하는 사이클을 반복하면 오랜 시간 동안 집중력을 유지할 수 있어.

세 번째 방법은, 마음 챙김 명상이야. 명상 훈련은 지금 이 순간에 집중하고, 마음을 차분하게 만드는 데 도움이 되지. 매일 10분씩 눈을 감고 호흡에 집중하는 시간을 가져 봐. 따라 하기 쉬운 방법을 알려 줄게.

호흡을 길게 천천히 하면서 횟수를 적게 하는 게 명상의 기본이야. 나는 10초 동안 숨을 천천히 들이쉬고 10초 동안 천천히 내쉬는 방법을 권해. 호흡을 길게 해 봤던 경험이 없어서 처음엔 숨이 짧아 잘 못 할 거야. 하지만 반복하다 보면 호흡이 안정되고 마음이 편안해져. 들이마시고 내쉬는 숨쉬기에만 오로지 집중하게 되지. 그러면 잡생각이 사라지고, 몸과 마음이 편안해져.

명상은 충분하게 이완시켜 주기 때문에 그 이후에 하는

일에 집중할 수 있게 만들어 줘. 미국의 기업가이자 엔지니어인 일론 머스크도 마음 챙김 명상을 통해 스트레스를 관리하고 집중력을 높인대. 그는 매일 아침 짧은 명상 시간을 가짐으로써 높은 집중력을 유지했다고 해.

나를 역의 대합실까지 데려다준 사회복무요원은 다시 핸드폰을 꺼내 유튜브를 보면서 돌아가더라고. 사회복무요원으로 근무하는 2년 가까운 시간을 저렇게 보내고서 다시 사회로 돌아가 복학하고 취업할 걸 생각하니 안타까운 마음이 들었어. 지금 어딘가에서 그 젊은이의 경쟁자들은 초집중해서 자신의 삶을 꾸려나가고 있을 텐데 저렇게 시간을 낭비하다니!

나는 지금 '얼마나 집중을 잘하는가'만큼이나 '어느 곳에 집중하고 있는가'가 정말 중요하다는 걸 알면 좋겠어.

"아이고 선생님, 우리 아이 방을 보면 돼지우리 같다니까
요."

강의를 들으러 오신 어느 학생의 어머님이 속상하신 듯
말씀하셨어.

"엉망이죠?"

"맞아요. 제가 정리해 주는데 그래도 금세 엉망이 돼요.
왜 그럴까요?"

"바쁘다 보니, 정리를 미루는 게 습관이 돼서죠."

"아, 게으른 게 아니고요?"

"모든 청소년이 게으르면 우리나라가 굴러가겠어요?"

강의 때 물어보니 많은 청소년이 방 정리 때문에 부모님과 갈등이 있더라고. 나중에, 나중에, 하면서 미루기 때문이지. 아마 그 학생도 자기 방을 정리해야겠다고 생각은 하고 있을 거야. 근데 치울 시간이 부족한 거지. 마음의 여유도 부족하고 말이야.

무언가를 하려고 할 때 우리 앞에는 쉬운 일과 어려운 일, 복잡한 일과 간단한 일들이 뒤섞여 있어. 학원도 가야 하고, 게임도 해야 하고, 옷도 갈아입어야 하고, 숙제도 해야 하고, 잠도 자야 하고…. 할 일이 많아 바빠지면 자꾸 미루는 습관이 생겨. 미룰 핑계를 계속 찾게 되고.

"에이, 주말에 하자."

"학교 다녀와서 하지 뭐."

"내일의 내가 하겠지."

이러면서 나중에 더 큰 일로 되돌아온다는 사실은 알지 못한 채 계속 미루는 거지.

사람들은 보통 하기 싫은 일이나 어려운 일을 미루곤 해. 부담스럽고 스트레스를 받기 때문이지. 하기 싫은 일을 할 때는 스트레스와 불안감이 증가하고, 이것은 자연스럽게 회피 행동으로 이어져.

지금 당장엔 모른 척 회피해서 편안할 수 있지만, 결국엔 미해결 상태로 계속 머릿속을 차지해서 더 괴로워지지. 게다가 부모님이나 다른 사람들에게 그 미룬 일에 대해 지적을 받거나 혼나게 되면, 더 큰 스트레스가 되고 말아.

특히 즉각적인 보상을 기대하기 어려운 일일수록 미루게 되는데, 대표적인 게 시험 공부 같은 거야. 당장엔 공부한 결과가 나타나지 않기에 계속 미루게 되는데, 후회하는 결과가 생길 뿐이야.

미루는 습관과 헤어지는 방법

그렇다면 어떻게 하면 미루는 습관을 멈출 수 있을까? 자세히 알려 줄 테니까 따라해 봐.

첫째, 작은 목표로 시작해. 큰일은 작게 쪼개서 시작하겠다고 마음먹으면 돼. 작은 목표를 설정하면 부담이 줄어들고, 시작하기가 더 쉬워져. 1시간 동안 집중해서 공부하는 게 쉽지 않다면 30분 노트 정리하기, 쉬었다가 다시 30분 문제집 풀기 식으로 목표를 쪼개면 돼.

방 정리도 마찬가지야. 오늘은 책상 위만 정리하기, 내일은 침구만 정리하기. 이렇게 할 수 있는 작은 성취들을 모으는 습관을 들이면 자신감도 함께 생겨나지.

내가 아는 어떤 학교 선생님은 남보다 조금 일찍 출근해서 매일 30분 독서를 실천하고 계셔. 처음엔 하루 10분씩 읽기로 시작하셨는데, 지금은 꾸준히 30분 이상을 읽으시지. 아침마다 책을 조금씩 읽어서 매달 한 권을 다 읽겠다고 마음먹으면 부담스럽잖아. 그런데 하루에 10분, 20분, 30분씩 읽겠다고 마음먹었더니 요즘은 한 달에 한 권이 아니라 여러 권을 읽게 되더래. 이처럼 소박하게 시작해야 결과물이 확실히 나타나.

둘째, 즉각적인 보상을 스스로에게 해 줘. 채찍과 당근을 함께 사용할 줄 알아야 한다는 말 알지? 즉각적인 보상은 동기 부여에 큰 도움이 돼. 내가 좋아하는 것으로 보상을 받으면 미루는 게 줄어들지. 내가 좋아하는 것으로 나에게 작은 선물을 주는 거야.

대신, 그 선물의 크기는 내가 만족할 정도여야 해. 가령, 공부 1시간에 10분 게임(시간 엄수), 숙제 끝내고 맛있는 간식 먹기처럼 만족감이 있어야 하지. 조금 유치해 보이지만, 의외로 효과가 커.

셋째, 우선순위를 정해서 중요하고 급한 일부터 해. 어렵고 하기 싫은 일부터 끝내면, 나머지 일들은 쉽게 느껴져. 수학 숙제부터 하기, 턱걸이 10개 하고 나서 외출하기, 저녁마다 쓰레기통 비우고 샤워하기처럼 소소한 미션을 정해 두면 할 일을 놓치지 않을 수 있어. "나중에 할게요"라고 말해서 부모님께 혼난 적이 있다면, 이 말에 공감할 거야. 매일매일 미션 클리어가 습관으로 굳어지면 보람도 느껴지고, 미뤄서 실수하거나 잘못되는 일들이 훨씬 줄어들어.

유명한 발명가 토머스 에디슨은 항상 즉시 실천하는 사람이었대. 아이디어가 떠오르면 곧바로 실험을 시작했어. 덕분에 그는 세상을 밝히는 어마어마한 업적을 세웠지.

넷째, 데드라인을 설정해. 마감 시간을 정하고 이를 지키는 습관을 들이면 좋아. 데드라인을 정말 '죽음의 선'으로 생각하는 거야. 그러면 미루지 않게 돼. 마감 시간은 명확하게 설정할수록 좋아.

나는 편집자에게 약속한 마감일보다 며칠 앞두고 원고 마감일을 달력에 적어 둬. 그러면 약속을 못 지켜서 미안하거나 실수할 일이 없지. 당연히 데드라인을 지키기 위해 열심을 다 하느라 게으를 수도 없고. 데드라인 안에 모든 걸 해냈을 때의 만족감이란! 그 기분을 우리 친구들도 경험했으면 좋겠어.

그리고 데드라인이 가까워지면 번뜩이는 아이디어가 갑자기 떠오르기도 해. 무조건 해내야 한다는 걸 나의 뇌가 아는 거지. 머리 회전이 빨라지면서 새로운 생각들이 막 떠오르는 거야. 그때 떠오른 아이디어들은 잘 메모해 뒀다가 활용하면 좋겠어.

　이런 방법을 매일 조금씩 실천한다면 미뤄서 혼나는 일은 결코 없을 거야. 방이 더러워지는 일도 없을 거고, 오답 노트 작성이 계속 미뤄지는 일도 없을 거고, 숙제를 안 해가는 일도 없겠지. 부모님이나 선생님께 꾸중을 듣는 일도 없을 거고, 무엇보다 내 삶도 정리정돈이 잘 될 거야. 자존감이 높아지는 것은 물론이고, 효능감도 높아져서 내가 나를 더 믿고 응원하게 될 거야. 생각만 해도 멋진 일이지!

가끔은
무작정 따라하기

　일 년에 한두 번은 제주도를 가게 돼. 부모님의 고향인 제주도는 내가 태어난 곳은 아니지만 갈 때마다 왠지 정감이 느껴져. 공항에서 내리면 나는 예약해 놓은 렌터카를 사용해. 장애인용 차량을 빌려 주는 렌터카 회사가 하나 있거든. 손으로 운전할 수 있는 장치가 있는 렌터카를 타고 신나게 달리면 신선한 제주도 바람이 창문을 통해 차 안 가득 들어오지.

　낯선 길을 갈 때 내비게이션은 정말 큰 도움이야. 제주도에는 대부분 강연 때문에 오는 거라서 숙소만 정해져 있을 뿐, 나머지 계획은 따로 정해 놓은 게 없을 때가 많아.

사람마다 여행 방법이 다를 텐데, 가끔 여행을 같이 가면 분 단위로 시간 계획을 짜는 친구들을 보게 돼. S그룹에 다니던 친구가 일본에서 주재원으로 있을 때 3박 4일간 그 친구의 초대로 온 가족이 놀러 가서 신세 진 적이 있어. 그때 친구가 우리에게 보여 준 계획서는 참으로 놀라웠지. 어디로 언제 가서 무엇을 먹고, 어떻게 이동하겠다고 세세히 짜 놓았더라고. 정말 S그룹의 직원다웠어. 우리의 여행은 그 친구의 치밀한 계획 덕분에 아주 알찼지.

계획대로 되지 않아도

하지만 그동안 많은 여행을 다녀 본 결과, 계획한 대로 되지 않을 때가 많다는 걸 너무 잘 알아. 우리의 인생과 비슷하다고나 할까?

프랑스로 여행 갔을 때의 일이야. 저녁에 영국으로 이동해야 했는데 항공사의 사정으로 비행기가 결항이 됐어. 수백 명의 승객들이 창구에 몰려가 대책을 마련하라고 항의했지. 그런데 가만히 보니, 다른 유럽 승객들은 항공사가 마련

해 준 비행기를 타고 하나씩 둘씩 공항에서 사라지는 거야. 우리 같은 한국 단체 관광객들만 웅성거리며 모여 있더라고. 뒤늦게 눈치를 채고서 격하게 항의했지.

"우리도 비행기 편을 마련해 주시오. 왜 우리만 남은 거요?"

결국 항공사 측은 우리 인원 30명에게 공항 옆 호텔을 잡아 줄 테니 그곳에 묵고 다음 날 새벽 비행기로 영국을 가라는 거야. 늦은 시간이라 다른 방법이 없었어. 결국 공항 옆에 있는 호텔로 모두 이동했고, 그때가 새벽 2시였지. 비행기 출발이 6시니까 공항 호텔에서 두어 시간 눈 붙이고 바로 나가야 할 상황이었지만, 우리 일행은 호텔에 있는 카페에서 이왕 이렇게 된 거 즐기자며 음료수도 마시고 수다를 떨었어. 다르게 생각하면, 호텔 1박을 무료로 얻어 예정에 없었던 즐거운 시간을 보낸 거야. 여행이란 원래 이런 맛도 있지 싶더라고. 계획을 잘 세우는 것도 중요하지만, 계획이 어그러졌을 때 어떻게 받아들이는가도 엄청 중요한 거야.

제주도에서 학교 강연을 마치면 나는 혼자 점심을 먹으

러 가는데, 계획이 없어도 하나도 걱정하지 않아. 내비게이션을 켜면 방법이 나오거든. 제주도에서 렌터카의 내비게이션은 놀라운 위력을 발휘해. 나보다 앞서 렌터카를 빌렸던 수많은 사람들이 다녀간 제주도의 맛집과 명소와 박물관이 입력되어 있기 때문에 백발백중이야. 그들이 검색해서 찾아간 집들은 역시 맛있고 유명한 이유가 있지. 내가 아무리 좋은 식사 계획을 세워 왔더라도 렌터카 내비게이션에 있는 다른 사람들의 계획보다 못한 경우가 훨씬 많아.

계획을 실행하는 방법은 언제든지 바꿔도 되는 거야. 나에게 중요한 건 "맛있는 음식을 먹는다"였으니까 완벽한 방법이지 않아?

렌터카 덕분에 나는 예정에 없던 박물관, 전시장을 구경하곤 해. 다른 사람의 계획 덕분에 매우 새로운 여행이 되는 거지. 새로운 경험을 해 보고 싶다면, 좀 더 업그레이드되고 싶다면 나의 방법이 아니라 다른 사람의 방법을 따라해 보는 것도 좋은 경험이 될 거야. 처음엔 좀 어색할 수도 있어. 하지만 그래야 한 걸음 성장할 수 있지 않겠어?

계획 자체에 몰두하면 경직된 사람이 될 수밖에 없어. 제주도에서 있었던 일을 하나 더 들려줄게. 제주도에서 지인을 만나 카페를 찾다가 우연히 아름답게 가꿔 놓은 정원 카페를 구경하게 되었어. 정원 안에는 온갖 나무와 조형물들이 가득 차 있었지. 수십 년간 그 땅 주인이 가꿔왔다고 해.

그런데 차를 마시는 동안 손님이 우리밖에 없는 거야. 안타깝게도 사람들이 이곳을 몰라서 못 찾아오더라고. 내 생각엔, 카페 이름이 좀 문제 같았어. 주인의 이름을 따서 '캐빈(가명) 정원'이더라고.

카페에서 차를 마시고 나올 무렵, 마침 우락부락하게 생긴 주인을 만났어. 직접 중장비를 다루고 건설·건축 일을 하는 사람이라서 그런지 체격이 우람하더라고. 그의 곧은 성격대로 우직하게 이 정원을 오랜 기간 노력해서 만들었음을 알 수 있었어. 그런데 아무리 아름답게 꾸며도 사람들이 찾아오지 않으면 무슨 소용이야. 수익을 올리려면 알려져야지. 같이 간 지인이 안타까운지 나에게 도움을 청하더라고.

"작가님, 이 정원 카페가 알려지게 좀 도와주세요."

"네, 방법은 있는데요. 하실 수 있을지 모르겠습니다."

그 주인의 우직함을 보니 내가 알려 주는 방법대로 할 것 같지 않더라고.

"그래도 말씀해 주시지요."

"카페 이름부터 바꿔야 합니다. 캐빈 정원이 뭡니까?"

"네? 그 친구 이름이 캐빈이라서 캐빈 정원인데요."

"캐빈이 누군지 사람들이 어떻게 압니까? 정원에 독특한 테마를 정해서 가꾼 후에 제주도에 간다면 무조건 가 봐야 할 곳으로 홍보해야 찾아오지요. 자기 이름을 걸면 무조건 잘될 거라고 생각하는 건 착각이에요. 연예인처럼 유명한 사람이 아닌 이상, 인지도나 매력이 전혀 없는 거나 마찬가지예요. 이름부터 바꾸고, 정원의 콘셉트를 명확히 다시 정하세요. 그러지 않으면 알려지기 힘들 겁니다."

내가 해 줄 수 있는 말은 거기까지였어. 내 이야기를 듣고 변화한다면 기회가 있겠지만, 계속 고지식하게 고집을 피운다면 기회는 영영 없겠지.

3
행동
바꾸기
태세 전환은
강력해야지!

언제까지 미룰 거야?
언제까지 생각만 할 건데?
언제까지 방법을 고민할 건데?
그만! 지금부턴 강력한 변화가 필요해.
행동을 바꿔야 해.
내일부터라는 말은 하지 마.
당장 어떻게 행동하면 되는지
함께 알아보자고!

돌아가신 나의 아버지께서는 볼펜이 필요할 때마다 우리 자식들 공부방에 들어오셔서 연필꽂이에 있는 것 중의 하나를 골라 쓰시곤 했어. 동생들은 책상 위나 필통에 아무 볼펜이나 꽂아 놔서 바쁠 때 써 보면 나오지 않는 것들이 종종 있었는데, 내 필통엔 늘 잘 나오는 볼펜만 꽂혀 있었지. 언제든지 필요할 때 아무거나 손에 잡아 쓸 수 있도록 항상 신경 쓴 거야. 지금도 그 원칙에는 변함이 없어.

내 방에 있는 수많은 연필과 볼펜과 색연필 등의 필기구들은 아마도 벌벌 떨고 있을 거야. 언제든 내가 꺼내어 썼을 때 안 나오면 바로 쓰레기통으로 버려지기 때문이지. 작가들 중에는 애착 필기구가 따로 있는 사람도 있지만, 나는 어떤 펜으로 쓰느냐를 중요하게 생각하지 않아. 아이디어가 떠오르면 빨간 펜, 파란 펜, 가리지 않고 손에 잡히는 대로 생각을 따라잡아 기록을 남기지.

기록은 기억을 지배해. 기록은 강력한 힘이 있어. 펜이 얼마짜리인지, 무슨 색깔인지는 별로 의미가 없지. 우리 삶도 마찬가지야. 무엇을 사용하는지는 중요하지 않아. 지금 사용될 준비가 되어 있는지가 중요하지.

쓰임이 준비되면 생기는 기회들

대학교에서 강의할 때의 이야기야. 작가로서도 활동하고 대학생들도 가르치며 바쁘게 지냈던, 에너지 넘쳤을 때의 일이지. 어느 날 학과장 교수님이 날 부르셨어. 점심을 사 주시면서 간곡히 부탁할 게 있다고 하셨지.

"고 선생, 올가을에 우리 국문과 40주년 기념식을 해야 합니다. 행사에 맞춰서 국문과 40주년사(史)가 책으로 나와야 해요. 조교들과 대학원생들한테 일을 맡겨 놨는데 1년째 진척이 안 되네요. 그래서 고 선생이 총괄 책임을 맡아 주면 좋겠어요.”

나는 당황했어. 그 일이 잘 진행되고 있는 줄 알았거든.

“앞서 일하던 사람들은요?”

“그 사람들은 무시하세요. 조교를 붙여드릴 테니 고 선생이 진두지휘해 주세요.”

자초지종을 들어보니 그들은 책을 만들어 본 경험도 없고, 편집에 대해서 알지 못하다 보니 미적미적 시간만 보내고 있었던 거야.

“학과를 위해 희생 좀 해 주십시오.”

학과를 위해 희생하라는 말에 나는 마음이 약해질 수밖에 없었어. 우리 학교 국문과에 입학한 덕분에 학생들을 가르치게 되고, 작가까지 되었으니 조금이라도 도움이 되고 싶더라고.

“알겠습니다. 해 보겠습니다. 예산은 어떻게 되나요?”

“예산은 없어요. 책은 출판사를 운영하는 동문 선배가 무료로 제작해 준답니다.”

요즘 같으면 말도 안 되는 이야기지만, 그땐 열정으로 진행되는 일들이 있었어. 나는 학과장님이 소개해 준 조교들을 만나서 이야기했어.

"우리는 사고 수습반이에요. 내가 이끄는 대로 바짝 정신 차리고 따라와 줘요."

모든 계획을 처음부터 다시 해야 했기에, 남은 기간인 두 달 내에 모든 걸 마무리해야 했어. 11월의 행사를 9월부터 준비한 것이니 말도 안 되는 일정이었지. 그래서 나는 비상 사태를 선언했어. 학과 사무실에 있는 모든 옛날 자료를 뒤져서 찾고, 새로운 자료들을 배열해 집어넣었지. 총장을 비롯한 문인, 교수, 동문에게 급하게 원고를 청탁했어.

그리고 교수님들이나 선배님들에게 옛날 자료가 있으면 제공해 달라고 요청해 사진과 글을 최대한 모았지. 이렇게 긁어모으니 얼추 분량이 확보되어서 그럭저럭 책의 형태가 갖춰졌고, 국문과 40주년 행사에서 멋지게 책을 배포할 수 있었어.

학과장 교수는 나에게 고마움을 표현했지. 책임자를 바꾸지 않았더라면 기념일에 맞춰 책이 못 나올 뻔했다면서. 나도 같은 생각이야. 내가 책을 만들고 편집해 본 경험이 있었기 때문에 가능했던 거지. 경험 있는 사람이 일할 수 있도록 중도에 계획을 바꾼 학과장 교수님의 매우 좋은 판단 덕분이기도 하고.

옛말에 "전쟁 중에는 장수를 안 바꾼다"는 말이 있어. 장수가 모든 것을 알고 있으니 어려운 순간일수록 그가 끝까지 책임을 지라는 뜻이겠지만, 그 말이 어느 상황에나 꼭 맞는 건 아니야. 새로운 인물로 리더를 교체해 위기를 타개하는 것이 요즘의 문제 해결 방식이기도 하지.

나는 "새 술은 새 부대에 담아야 한다"라는 말을 좋아해. 인생을 살면서 우리는 수없이 많은 계획을 세워. 그리고 그 계획을 실행하다 안 되면 바꿀 수도 있는 거야. 과감하게 수정하고 위기를 극복하는 게 더 중요해. 아무리 좋아하는 볼펜이라도 잉크가 굳어서 잘 안 나오면 그것을 붙잡고 끙끙댈 필요가 없어. 새 볼펜은 주위에 얼마든지 많잖아.

내가 먼저 달라질 때 달라지는 것들

젊었을 때 나는 세상에 대해 욕구불만이었어. 하고 싶은 일이 '장애'라는 벽에 가로막힐 때가 많았거든. 취직도, 결혼도, 원하는 걸 얻을 때도 남보다 더 노력해야 했지. 그러다 보니 성격이 냉소적일 수밖에 없었어. 내 입에선 날카로운 비판의 말들이 자동으로 튀어나왔지.

"꿈이고 나발이고, 다 필요 없어. 세상이 어디가 공평해? 모두 비장애인 중심인걸."

이십 대를 이런 험악한 말을 내뱉으며 살았어.

그러던 어느 날 아버지와 술을 한 잔 마시면서 이야기를 나눴는데, 나에게 계속 대학원을 가라는 거야. 아버지 생각엔, 장애가 있는 아들이 박사 학위 정도는 있어야 무시당하지 않을 거라고 판단하셨던 거지. 하지만 그때 내 생각은 좀 달랐어. 부모님의 도움으로 대학원에 간다는 게 부담스러웠거든. 달라질 것도 없을 거라 생각했고. 그런 마음 때문에 아버지의 제안이 내키지 않았어. 게다가 술이 들어가니까 기분대로 말하고 말았지.

"아버지, 대학원이고 나발이고 장애인한테 무슨 소용이 있어요. 어차피 세상에서 절 안 받아 줄 텐데요."

그 말을 들은 아버지의 얼굴이 갑자기 굳어졌어. 그리고 심각한 얼굴로 한마디 하셨지.

"얘야, 나발이고는 빼라."

그 순간 얼굴이 화끈거렸어. 아버지 앞에서 버릇없이 평소 말버릇이 튀어나온 거야. 그때 깨달았어. 말을 조심하지 않으면 실수한다는 걸.

나쁜 말버릇과 빠르게 헤어지기

요즘 비속어를 섞어서 말하는 청소년들이 많더라고. 또래 친구들 사이에서 좀 더 강하게 보이려고 욕을 섞어서 말하다 보니 습관으로 굳어진 거야. 그런 말버릇이 생기면, 부모님이 계실 때나 학교 선생님 앞에서 실수하게 돼. 한번 잘못된 습관이 들면 정말 고치기가 어렵지.

'말 습관'은 자신이 의식하지 못한 채 익숙해져 버린 말을 반복하는 행위야. 말을 잘하는 능력은 현대 사회에서 하나의 경쟁력이기도 해. 인간은 사회적 동물이기 때문에 내가 하는 말로 어떤 사람인지를 평가 받거든. 그래서 나의 평판을 망치는 말 습관과는 빠르게 이별해야 해. 고치기 어렵다고 방치해서는 절대 안 돼.

친구가 겪은 실화야. 명절 때 며느리와 사위가 집에 와서 함께 음식을 맛있게 차려 먹었대. 그리고 다 같이 바람도 쐴 겸 동네 카페에 가기로 했지. 가족들이 삼삼오오 동네 카페로 떠나고, 시아버지인 내 친구가 잠시 화장실에 갔는데, 맨 마지막으로 집을 나가던 며느리가 이렇게 중얼거렸대.

"아, 명절 X라 빡세네."

그 말을 화장실 안에서 들은 내 친구는 가슴이 철렁 내려앉았다고 해. 얌전하고 조신하다고 생각했던 며느리의 입에서 험악한 말이 나오니까 놀란 거지.

그래서 어른들이 평소에 고운 말을 쓰라고 말씀하시는 거야. 내가 아무리 성실한 사람이어도, 마음이 따뜻한 사람이어도, 상대를 존중하는 마음이 있어도, 말투가 좋지 않으면 좋은 인상을 주기가 어려워. 그리고 안 좋은 말버릇이 생기면, 불편한 상황이 종종 생기게 돼. 내가 말하려는 의도와 다르게 오해하거나, 적이 생기기도 하거든. 미움을 받는 일도 생기고.

나쁜 버릇은 미루지 말고 지금 당장 고쳐야 해. "제가 욕을 섞어서 말하는 버릇이 있어서 그렇지, 원래는 참 따뜻하고 지적인 사람이에요"라고 말해 봤자 누가 믿어 주겠어?

지금 당장 고쳐야 할 습관은?

고쳐야 하는 좋지 않은 습관이 있는지 생각해 봐. 만약 있다면, 고치기를 미루지 마. 지금 당장 행동으로 옮겨. 내가 말하는 것을 녹음해서 듣는 것도 좋은 방법이고, 주변 친구들에게 그 나쁜 습관을 고치겠다고 선언하거나 부탁하는 방법도 효과가 좋아. "앞으로 내가 말할 때 욕을 섞어서 하면 '그만'이라고 이야기해 줘"라고 부탁해 봐. 그러면 대부분 도 와줄 거야.

물론 처음엔 지적받는 일도 많을 거고, 그래서 창피한 경 우도 생길 거야. 하지만 노력해서 마침내 말이 부드러워지면, 주변에 말이 부드러운 사람들이 많이 생겨. '끼리끼리'라는 말 알지? 말투가 부드러운 사람, 긍정적으로 말하는 사람, 용 기를 주는 말을 하는 사람이 주변에 늘어나게 돼. 그러면 화 낼 일보다 웃을 일이 더 많이 생겨나지. 이것은 인생 선배인 나를 믿고 꼭 시작해 보렴.

욕은 하지 않지만 평소에 부정적인 단어를 많이 사용한다 면, 그것도 고치면 좋겠어. 긍정적으로 말하는 훈련을 해 봐. 말에는 힘이 있어서, 긍정적으로 말하다 보면 정말로 속상 하고 화나는 일보다 좋은 일들이 더 생긴단다.

'태세 전환'이라는 말 들어봤니? 어떤 일을 앞둔 자신의 태도와 자세를 완전히 바꾼다는 뜻이야. 원하는 것을 이루 고 싶다면, 관계가 풀리는 경험을 하고 싶다면, 오늘의 하루

를 좀 더 의미 있게 보내고 싶다면, 희망적인 내일을 기대한

다면, 지금 당장 달라져야 해.

지쳤다면
쉼이 필요한 순간일지도

전국으로 다양한 연령층을 대상으로 강연을 다니다 보니, 학부모님들을 만날 때가 많아. 자연스럽게 자녀들에 대한 불만을 듣곤 하지.

"우리 애는 왜 그러는지 모르겠어요. 제가 해 달라는 거 다 해 주고, 공부도 뒷받침 다 해 주고, 앞으로 좋은 대학 가고 좋은 직장 가지고 살아남을 수 있게 제가 모든 노력과 투자를 아낌없이 하는데 고맙다고는 못 할 망정 다 힘들다고만 해요."

"아이는 토요일과 일요일엔 어떻게 지내나요?"

"숙제하고 학원 가죠. 남들 다 공부하는데 뒤처지면 안 되잖아요. 지켜보느라 저도 얼마나 힘들다고요."

그러면 나는 고개를 끄덕이며 진심을 담아서 이야기해.

"어머니, 토요일과 일요일 중의 하루는 쉬게 해 주세요."

쉴 줄 아는 것도 지혜야

학부모 상담에서 헤르만 헤세의 소설 《수레바퀴 아래서》를 들려줄 때가 있어. 공부만 했던 주인공 한스가 어떻게 되었는지를 말해 주는 거야. 공부에 상당히 재능 있었던 소년 한스는 수줍음이 많고 내성적이야. 한스가 공부를 잘하자 아버지는 인근 마을의 명문 기숙학교에 진학시키지. 한스는 부유한 특권층 가정 출신의 친구들과 어울리려고 노력해. 하지만 내성적인 성격이라 적응하지 못하고, 학업과 친구들로부터 손을 떼기 시작하지.

한스는 점점 고립되고 우울해져. 결국엔 학교를 그만두고 집으로 돌아온 한스는 아버지의 실망과 분노를 느껴. 한스는 절망하고 외롭게 시골을 떠돌며 나날을 보내다가 생을 마감하지. 이 작품은 아이들에게 스트레스가 되는 공부 강요의 위험성을 잘 보여 주고 있어.

"아이가 에너지가 없는 건 쉬지 못했기 때문이에요. 어머니, 쉬어야 에너지를 보충해서 다시 열심히 공부하죠. 직장인도 주말엔 쉬잖아요. 그 시간에 지친 몸과 영혼을 다스리는 겁니다. 주말에 학원 보내는 거, 이제 그만하시고 아이가 원하는 걸 함께해 주세요. 운동도 좋고, 가벼운 산책도 좋고, 맛있는 거 드시면서 아이에게 에너지를 넣어 주세요. 이대로 어른이 되면 직장 좀 다니다 조금만 힘든 일이 생겨도 그만둬 버리고, 아무것도 안 하겠다고 합니다. 그땐 정말 큰일이잖아요."

상담이 끝나면 학부모님들은 큰일 날 뻔했다는 듯한 표정으로 돌아가시지.

주변에 "시간이 없다"고 종종대면서 부산하게 열심을 다해도 성과가 없는 사람들을 많이 봐. 공부할 때도 마찬가지야. 오래 앉아 있다고 다 우등생이 되는 게 아니야. 시간 관리를 할 줄 알아야 능률이 오르지. 때로는 쉴 줄 아는 것도 지혜야. 지금도 무언가 붙잡고 있는데 진행되지 않는다면, 잠시 내려놓아야 해. 쉬면서 다른 시각에서 문제를 바라보면 해결책이 떠오를 거야. 그런데 지금은 너무 지쳐서 그 답이 보이지 않는 거야.

잠시 멈춤은 다시 달리게 하는 힘

며칠째 같은 공부를 하는 중인데도 다음 단계로 진행이 안 되니? 매번 숙제가 밀려서 그걸 하느라 잠을 못 자서 피곤해? 그래서 우울한 마음이 들고, 스스로에게 실망감이 들어? 어쩌면 지금 너는 좀 지쳤는지도 몰라. 게으른 게 아니라.

그럴 땐 혼자 고민한다고 문제가 해결되진 않아. 계속 재촉하고 자책한다고 나아지지도 않고. 부모님이나 학교 상담 선생님께 도움을 요청해야 돼. 좀 쉬고 싶다고 말하는 것도 용기야. 부모님과 선생님은 네가 잘되기를 바라고, 몸과 마음이 건강한 사람으로 성장하길 바라. 그러기 위해서 잠시 쉬는 것도 좋은 선택임을 알려 주실 거야.

휴식은 지친 몸과 마음을 회복시키는 시간이야. 바쁘게 달려온 시간 속에서 잠시 멈춰 숨을 고르며 에너지를 충전해. 멈춤처럼 보이지만, 사실은 창의적인 생각이 싹트는 중요한 순간이야. 머리를 비우고 한 걸음 물러나 있을 때, 문제의 해법이나 새로운 아이디어가 떠오르기도 하거든. 그래서 '멈춤'도 아주 좋은 '행동'인 거야.

그리고 잠시 멈춤은 자신을 돌아보는 시간이기도 해. 바쁜 일상을 보내느라 놓치기 쉬운 감정과 생각들을 마주하며 진짜 내가 원하는 것이 무엇인지 알아차릴 수 있는 기회가 되지. 휴식을 통해 좀 건강해진 후에 다시 시작해도 절대 늦지 않아. 다시 달리게 하는 힘을 주는 시간이니까!

미국에서 유학하고, 다양한 경력도 쌓은 젊은이가 나를 찾아왔어. 회사의 꼰대 문화에 반발해 퇴사했더라고. 기성세대가 기존의 규칙과 질서, 생각 등 낡은 가치관을 강요하다 보니 젊은 세대와 갈등이 생긴 거야. 다행히 회사에서 자신들의 잘못을 인정해 실업 급여를 받게 되었대. 그 급여가 끝나면 무얼 해야 할지 고민하는 와중에 나를 만난 거야.

"그래서 무얼 하고 싶어요?"

나는 진짜 원하는 게 뭔지 물었어.

"저는 캘리그래피를 하고 싶습니다."

캘리그래피는 손 글씨를 이용해 하는 시각 예술이야. 글씨의 크기, 모양, 색상, 입체감으로 미적인 가치를 높이는 기술이지.

"어, 그거 좋은데요?"

"근데, 사람들은 그걸로 먹고살기 힘들다고 해요."

그 말에 나는 발끈했어.

"남들과 다른 재주를 가졌는데 먹고살기 힘들다는 건 거짓말이에요. 무엇을 하든 먹고살 수 있어요."

"정말요?"

"그럼요. 내가 바로 글 써서 먹고살기 힘들다는 사람들의 말을 안 듣고 작가가 된 사람인 걸요. 지금까지도 잘 먹고 잘 살아요."

그때부터 멘토링이 시작됐어.

어떻게 해야 좋아하는 예술을 하면서 먹고살 수 있는지, 어떻게 자신을 알려야 하는지, 어떻게 홍보하고 사업해야 하는지를 코칭해 주었지. 그때 내가 내린 첫 번째 멘토링은 명함 만들기였어.

"명함부터 만들어요. 내가 무슨 일 하는 사람인지 널리 알릴 수 있게. 명함을 닥치는 대로 뿌리면서 내가 캘리그래피 하는 사람이라고 알리고, 글씨 필요하면 연락하라고 이야기하세요."

"네, 해 보겠습니다."

대답은 그렇게 했지만, 내 조언을 신뢰하는 표정은 아니었어. 명함 만드는 건 정말 쉬운 일이야. 명함집에 가서 주문만 하면 그 즉시 만들어 주거든. 명함 만드는 프로그램을 다운 받아 내가 직접 만들어도 돼. 나 역시 명함을 여러 번 만들었어. 작가라는 것, 내가 하는 일, 그리고 출간했던 책들을 명함 안에 담아 소개하지.

명함을 잘 만들면 효과가 좋아. 명함을 여러 곳에 뿌리면 당장엔 연락이 안 와도 받은 사람이 내 명함을 간직하고 있다가 다른 사람에게 강연을 추천하기도 하고, 원고를 달라고 출판사에서 연락이 오기도 하지.

사업가뿐 아니라 예술가도 나를 잘 소개하는 명함을 가지고 다녀야 해. 작가나 예술가들이 명함 없이 다니는 걸 보면 나는 혀를 차곤 하지. 그건 자기를 알리겠다는 기본적인 준비조차도 안 되어 있는 거야.

젊은이가 돌아가고 일주일이 지났는데도 명함을 가지고 오겠다는 소식이 없는 거야. 그리고 이 주일이 또 지났어. 그때도 연락이 없기에 참다못해 내가 전화했지.

"왜 명함을 안 만들고 있어요?"

"예쁘게 만들려고 고민하고 있습니다."

그 순간 나는 불같이 야단을 쳤어.

"아무렇게나 당장 만들어요! 2주 동안 만들어서 뿌렸으면 벌써 일거리가 수십 개는 들어왔을 거구먼!"

젊은이는 깜짝 놀라 며칠 뒤에 부리나케 명함을 만들어 가지고 왔어. 고작 몇백 장 만들려고 하다가, 아버지께서 만드는 김에 천 장 정도는 만들라고 해서 그렇게나 많이 쓸 일이 있을까 고민하다 만들어 왔다는 거야.

'고민'은 얼핏 보면 굉장히 멋있는 단어야. 하지만 내가 볼 때 고민은 '변명'에 불과해. "고민하고 있다"라고 말하면, 내가 뭔가 하고 있는 것처럼 들리지만, 실상은 변명하고 아무 것도 하지 않는 거야. 고민은 행동이 아니기 때문이지.

또 한 번은 나에게 급한 원고 청탁이 왔어. 모 사회복지 기관의 사무국장이었지. 1년 사업으로 정부 예산을 받아 그림책을 만들어 보급해야 하는데, 6개월이 지나도록 진척된 일이 하나도 없으니 어떡하면 좋으냐고 하소연하는 거야. 걱정하다 내가 떠올랐다더라고. 만나서 이야기를 들어 보니 큰일은 큰일이었어. 하반기 안에 책을 만들어 납품하고 보급해야 하는 한시가 급한 사업을 시작조차 안 했다니. 이유는, 원고가 없어서였어.

"제가 해결해 드리겠습니다."

"어머, 고민을 안겨 드려서 죄송해요."

"고민이라뇨, 아무것도 아닙니다. 믿고 계세요."

그날 나는 밤을 새워서 원고를 썼어. 하루 만에 원고를 써서 일반 사람이 원고를 쓰는 데 들어가는 평균 시간인 3개월을 단축한 거야. 그동안 잃어버린 시간을 따라잡은 거지. 그리고 빨리 그림을 그릴 화가를 찾아냈어. 제한된 시간 내로 그리라고 급하게 요청했지. 그림 작업 기간을 또 3개월

단축했어. 결국 고민할 시간을 줄여 바로바로 행동해서 사업을 성공한 거지. 그해 연말에 멋지게 책을 배포하고 출판 기념회까지 끝냈고 말이야.

우리는 '고민하고 있다', '심사숙고하고 있다', '연구 중이다'라는 말로 노력하지 않는 지금을 변명해. 오래 고민한다고 좋은 결과가 나오는 게 결코 아니야. 나의 작품 중에《가방 들어주는 아이》는 1시간 만에 쓴 작품이야. 그런데 최고의 베스트셀러가 됐어. 하늘 문은 문 앞에서 고민하는 사람에게 절대 열리지 않아. 문을 두드리는 사람에게 열리지. 완벽주의는 필요 없어. 명함도 얼른 만들어서 먼저 사용하고, 더 예쁘게 만들고 싶으면 나중에 다시 만들면 돼. 명함이 비싼 물건도 아니고, 써서 없애야 좋은 물건이잖아?

우리의 삶이 사실은 대개 사소한 결정들이 모인 거야. 볼펜 하나 사듯, 혹은 맛있는 한 끼 식사를 무얼 먹을지 결정하듯, 가벼운 선택을 수시로 하면서 좋은 선택들이 점점 많아지면 돼. 볼펜이 마음에 안 들면 다음엔 다른 볼펜을 사면 되는 거고, 맛없는 식당이었으면 다음엔 가지 않으면 돼. 가

볍게, 리드미컬하게 삶을 살아내야 실패도 가볍게 받아들일
수 있어.

　너무 완벽한 선택을 하려고 주춤하고 있지는 않니? 실패
가 두려워서 아무것도 안 하고 있지는 않아? 나를 찾아온
그 젊은이는 주문받은 캘리그래피를 잘 해 낸 덕분에 빠르
게 그 업종에서 자리 잡았어. 요즘은 명함을 수없이 뿌려서
일이 몰릴 땐 늦은 밤까지 일하더라고.
　그에게 가끔 전화가 오는데, 통화할 때마다 이렇게 말해.
　"선생님, 저 지금도 의뢰받은 일 하면서 통화하고 있어요.
요즘 정말 바빠요."
　아주 신나서 기쁨의 비명을 질러. 만약 그때 내버려뒀으면
아직도 명함 디자인을 고민하고 있었을지 몰라.

경험해 봐야
성공해 보지

"저분, 누구셔?"

대학생 때의 일이야. 문과대학 앞을 지나가시는 멋진 교수님을 보고 옆에 있던 친구에게 물었어.

"이번에 임용되신 교수님. 현역 소설가시래!"

"아, 그래? 멋지다!"

그분을 보며 나도 소설가가 되면 좋겠다고 생각했어. 그래서 전공을 소설로 바꾸고 열심히 연구했지. 잘 쓰고 싶어서 작품이 완성되면 바로 교수님께 들고 가서 보여드리고 지도를 받았어.

"주인공이 이렇게 생각하는 건 앞뒤가 안 맞잖아?"

"갈등이 너무 약하지 않아?"

이런 식으로 교수님께서 아낌없이 지도해 주셨지. 7~8년을 그렇게 계속해서 소설을 써서 보여드렸는데, 어느 날 이렇게 말씀하시는 거야.

"고군, 이제 응모 좀 해 보지?"

그러면서 건네주신 나의 원고에는 붉은색으로 첨삭된 것이 하나도 없는 거야. 더 이상 수정할 게 없다는 뜻이었지. 나는 그 뒤 더 노력해서 마침내 등단했고, 몇 년 뒤엔 모교에서 주는 성균문학상을 받았어.

누구에게나 있는 흑역사

상 받던 날을 생각하면 지금도 기분이 좋아. 얼마나 감개무량하던지…. 수많은 문인 선후배들 앞에 서니 정말 감격스럽더라고. 수상 소감을 이렇게 말했어.

"저는 여기 계신 문인 선후배 선생님들을 보며 작가의 꿈을 키웠습니다."

처음엔 멋지게 말을 잘 시작했어. 하지만 남들 앞에서 내 이야기를 조리 있게 해 본 경험이 부족한 때여서 큰 실수를 하고 말았지. 지금도 실수한 대목이 정확하게는 기억 안 나. 그만치 나는 흥분하고 떨었던 모양이야. 나중에 친구들이 해 준 말을 듣고 깜짝 놀랐어.

"너, 많이 떨렸나보더라."

"고 작가, 일부러 웃기려고 그렇게 말한 거지?"

처음엔 그게 무슨 소린지 몰랐어. 그런데 알고 보니 내가 정말 크게 말실수를 한 거야. 너무 긴장한 나머지 이렇게 말했대.

"부족한 저에게 이렇게 보잘것없는 상을 주셔서 대단히 감사합니다."

엄청난 실수를 전해 듣고 등골이 오싹했어. '보잘것없는 상'이라니. 내가 하려던 말은 이거였는데 말이야.

"부족하고 보잘것없는 저에게 이런 좋은 상을 주셔서 대단히 감사합니다."

말이 잘못 나오고 만 거야. 지금 생각해도 쥐구멍에 들어가고 싶어. 너무 잘하려고 하면 이렇게 큰 실수를 하게 돼. 이미 해 버린 실수이니 주워 담을 수도 없어. 뭐, 그래도 괜찮아. 그곳에 계신 분들은 젊은 청년의 실수로 보든지, 패기로 보든지 모두 귀여워해 주셨을 테니까.

나의 과거를 되돌아보면, 청소년 시기에 정말 많은 실수를 하는 것 같아. 그로 인해 야단도 많이 맞지. 돌아보면 누구나 생각나는 흑역사를 하나쯤은 가지고 있을 거야. 물론 실수 없이 모든 일을 잘하고 싶지. 하지만 '학교는 실수해도 되는 곳'이라고 나는 생각해.

학교는 잘해야 하는 곳이 아니야. 여러 가지를 경험하면서 잘하게 되고, 실수하지 않게 되려고 배우는 곳이지. 자꾸 실수를 반복하면서 좋은 방법들이 깨달아지고, 치밀하게 준비해 보는 곳이기도 해. 그런 과정을 우리는 '교육'이라고 부르기도 하지. 그러니까 청소년기의 실수는 당연한 거야. 돈 주고도 못 사는 경험이지.

그러다 보면 실수가 줄어들게 돼. 그런 걸 우리는 '작은 성공' 또는 '작은 승리'라고 해. 큰 성공이나 큰 승리는 결코 한 방에 이루어지지 않아. 이런 작은 성공의 경험이 무수히 쌓여야 얻을 수 있어. 그러니까 실수를 두려워하지 마. 실수를 통해 무엇이 잘못됐는지 깨달아야 나를 키울 수 있어.

운동화 브랜드로도 유명한 농구 스타 마이클 조던은 작은 성공을 발판으로 큰 성공을 거둔 대표적인 운동선수야. 그가 한 말 중에 엄청나게 유명한 말이 있어.

“성공은 자신감, 자신감은 경험에서 나온다. 그리고 경험은 실패에서 나온다.”

조던은 여러 번의 실패를 통해서 경험을 쌓았고, 그 경험이 쌓여서 자신감이 되었고, 그 자신감이 마침내 그를 성공으로 이끌었어. 그는 고등학교 때 농구팀에 들지 못하는 실패를 경험했었대. 하지만 그 실패가 더욱 열심히 연습하는 자극제가 되었지. 조던은 이후 고등학교 농구팀에 다시 도전해 입단에 성공했어. 그리고 대학 땐 노스캐롤라이나대학교를 NCAA 챔피언으로 이끌었고.

NBA에 입성한 첫 해엔 두각을 나타내진 못했어. 1984년에 시카고 불스에 입단했는데, 당시엔 팀의 주전 선수가 아니었지. 그래도 그는 타고난 승부욕으로 주전으로 뛸 기회가 있을 때마다 성공적인 플레이를 보여 주었고, 그러다 보니 점점 경기장에서 뛰는 시간이 길어졌어. 그리고 마침내 조던은 팀을 여섯 번의 NBA 챔피언십으로 이끄는 전설의 선수가 되었지. 그가 지금까지도 후배들과 팬들에게 존경받는 건, 작은 성공에 열심을 다한 결과야.

내가 새로운 일을 시작할 때 입버릇처럼 하는 말이야. 새로운 도전을 두려워하지 않고 '재밌다'고 생각할 수 있게 된 건, 수없이 실수했기 때문이지.

그동안 출간한 책 중에 베스트셀러가 많지만, 모든 작품이 인기 있었던 건 아니야. 만약 모든 일을 '성공'과 '실패'로만 평가한다면, 어쩌면 일부만 성공하고 나머지는 실패한 셈이야. 하지만 나는 좀 다르게 생각해. 베스트셀러가 안 되어도, 내 머릿속에만 있던 이야기가 책으로 출간되어 독자를 만났다면 그것만으로도 성공인 거야. 그 책을 한 사람이라도 재미있게 읽었다면 엄청나게 성공한 것이고 말이야.

그리고 나는 이런 마음을 가져. '글 쓰니까 재미있다. 이런 책도 내보면 도움이 되겠지?’ 그래서 여전히 글 쓰는 게 즐거워.

인터뷰하다 보면 가끔 창작자로서의 고통을 물을 때가 있는데, 나는 즐거움이 더 커서 고통스럽지 않다고 이야기해. 작은 성공의 경험이 쌓이다 보니 즐길 수 있게 된 거지.

내가 만약 처음 문학상을 받았을 때 ‘소설 쓰는 거 정말 재미있다. 상에 욕심 내지 말고 지금 이 순간을 즐겨야지’라고 생각했다면 그렇게 많이 떨지 않았을 거고, 말실수도 안 했을 텐데 싶은 생각이 들어. 우리 청소년 친구들은 처음부터 너무 큰 성공을 바라며 긴장하지 말고, 즐기는 마음으로 무엇이든 도전하고 경험해 봤으면 좋겠어.

습관(habit)이라는 말 알지? 루틴(routine)이라는 말도 들어

봤을 거야.

두 단어는 매우 비슷한데 조금의 차이가 있어(조금이라고 말

하지만 나는 아주 큰 차이라고 생각해). 신경과학자이자 작가인 앤

로어는 그가 만든 학습 커뮤니티인 네스랩(Ness Lab)에서 습

관과 루틴의 차이를 설명하고 있어. 둘 다 '정기적이고 반복

적인 행동을 한다'는 공통점이 있지만, '의도적으로 인지했

는가 못했는가'의 차이가 있다고 말이야.

습관은 무의식 속에서 일어나기 때문에 내 습관이 무엇인지를 파악하는 게 쉽지 않아. 반면에 루틴은 지속적인 노력이 필요해. 가령 불안하면 다리를 떤다든가, 말할 때 머리카락을 손가락으로 꼰다든가, 아침마다 커피를 마신다든가 하는 '습관'은 노력이 필요 없어. 하지만 아침마다 이불 정리하기, 5분 명상하기, 물 마시기, 일기 쓰기 등의 '루틴'은 모두 지속적으로 노력하지 않으면 사라지는 행동들이야.

다시 말하면, 습관은 거의 의식하지 않고 몸에 배어 익숙해져 버린 것이고, 루틴은 의도와 노력이 꼭 필요한 거야. 그래서 좋은 변화를 위해서는 나에게 긍정적인 결과물을 주는 루틴 만들기가 정말 중요해. 루틴이 완성되면 불안이 감소하는 효과도 있고, 실제로 일의 능률이 오르거나 결과물이 좋아지기도 하거든. 운동선수들이 자기 나름의 루틴을 만드는 것도 그 이유야.

세계적인 테니스 선수 라파엘 나달은 경기마다 짧고 강한

136

집중력을 유지하는 걸로 아주 유명해. 그는 매 포인트마다 새로운 경기를 시작하는 것처럼 집중하지. 그에겐 12개나 되는 집중력을 높이는 루틴이 있대. '포인트마다 수건으로 땀을 닦는다. 서브를 넣을 때 바지, 어깨 머리 순으로 꼭 만진다. 경기 시작 전 뛰어서 이동한다. 라인은 오른발로만 넘는다. 휴식 시간에도 상대방이 먼저 일어나야 일어난다' 등등, 상당히 많지. 일류 선수들이 루틴을 유지하는 건, 오로지 집중력을 높이기 위해서야.

또 다른 예로, 작가 무라카미 하루키가 있어. 그의 작품들은 세계 여러 나라에 45개의 언어로 출간되었으며, 덕분에 어마어마한 부를 이루었지. 그는 매일 아침 4시부터 12시까지만 글을 써. 집필 시간을 철저히 관리하며, 그땐 오로지 작업에만 집중해. 이러한 루틴 덕분에 그는 꾸준히 훌륭한 작품을 쓸 수 있었던 거야. 그가 마라톤을 뛰면서 체력을 유지하는 것도 작품을 위해서야. 정말 대단하지?

전국으로 수백 회 강연을 많이 다니는 나의 루틴을 소개할게. 강연 요청은 보통 이메일이나 전화 혹은 문자로 와. 그러면 나는 담당자와 꼭 전화 통화를 해. 일정표에 빈 날짜가 있는지 살펴본 다음, 강연을 약속하지. 그리고 담당자에게 내 블로그 주소를 알려 주고, 거기에 올려 놓은 강연 준비물과 서류를 다운받으라고 해. 내가 일일이 보내 주는 것보다 선생님들이 블로그에서 직접 필요한 자료를 가져가는 게 훨씬 정확하거든. 학생들에게 필기구와 노트를 꼭 챙겨오라는 요청도 빼놓지 않지. 내 강연은 듣고, 열심히 적고, 자기 것으로 소화하는 훈련을 시키기 때문이야.

그다음부터는 나의 준비가 시작돼. 우선, 수강 학생들의 수준에 맞게 PPT를 만들고, 적합한 동영상을 찾아 준비해. 이 작업이 끝나면 교통편을 예약하지. 특히 기차표는 미리 예매하지 않으면 자리가 없을 수도 있거든. 그리고 다이어리에 별표 표시를 해 두지.

다음 준비는, 출판사에 연락해 학생들에게 선물할 책을 구

입해. 때로는 출판사에서 홍보용으로 몇 권을 제공해 주지.

그리고 가장 중요한 준비물이 있어. 바로 옐로카드와 레드카드야. 강연 중에 학생들이 딴짓하거나 집중하지 않으면 옐로카드를 보여 주면서 경고하지. 학생들은 이 카드를 받으면 금세 태도가 달라져. 장난치다가도 강연에 다시 몰입하게 되지.

이 모든 준비를 다 끝내야 나는 안심하고 쉴 수 있어. 루틴대로 해야 차질 없이 강연을 진행할 수 있다는 자신감이 생기거든. 이렇게 준비를 철저히 해 두니 1년에 200번, 많게는 300번의 강연을 소화할 수 있는 거야. 루틴이 곧 나의 강연 비결이지.

루틴은 나의 잠재력을 극대화하는 방법이기도 해. 새해를 맞이하거나 신학기가 되면 습관, 시간 관리, 다이어트, 공부 계획에 관심이 높아지는데, 빡빡하게 일정을 짠다고 좋은 게 아니야. 오히려 그것은 나쁜 전략이야. 바쁘게 시간을 보내는 게 중요한 게 아니라, 해야 할 일을 그때그때 잘 해내는 게 중요한 거야.

루틴이 효과를 발휘하려면 꾸준함이 중요하다는 것도 잘 알아야 해. 나의 능력치를 올릴 수 있는 좋은 행동들을 찾아서 꾸준히 하는 거야. 실제로 나는 매해 꾸준히 다이어리 노트를 쓰고 있는데, 이것이 일의 능률을 높여 줘.

또한 루틴은 멘탈 관리에 큰 도움이 돼. 기업의 경영인이나 운동 선수처럼 복잡한 루틴을 만들라는 게 아니야. 가령, 집을 나서기 전에 거울을 보고 입꼬리를 잔뜩 끌어올려 웃는 루틴이어도 좋고, 신발 끈을 새롭게 고쳐 매는 것도 좋고, 나를 꽉 안아 주는 것도 좋아. 책상 정리를 5분간만 빠르게 하고 공부를 시작하는 것도 좋고, 따뜻한 차를 마시고 하루를 시작하는 것도 좋아. 발표나 숙제처럼 하기 싫은 일을 해야 할 때는 심호흡을 크게 다섯 번 하고서 해도 좋고.

나의 몸과 마음을 평안하게 해 주는 루틴은 호르몬 때문에 예민한 청소년 시기에 큰 도움이 되지. 오늘부터라도 나를 위한 루틴을 하나라도 꼭 만들면 좋겠어.

"정욱아, 너 그림 잘 그린다!"

"나도 우주 소년 아톰 하나만 그려 줘!"

초등학교 1학년 때부터 나는 그림으로 단박에 아이들을 사로잡았어. 우주 소년 아톰, 알파칸, 땡이, 의사 까불이 같은 당시 인기 만화 주인공들을 쓱쓱 그려 주면 친구들이 좋아하며 가져갔지. 덕분에 인기 폭발이었어. 내가 캐릭터를 창조해서 그린 게 아니라 만화 잡지의 그림을 보고 그대로 따라 그린 건데도 친구들이 정말 좋아했지.

'모방은 창조의 어머니'라는 말 아니? 창조는 모방에서 시작한다는 뜻이야. 특히 어릴 적엔 따라 해 보는 게 중요해. 모방하다 보면 자연스레 기술을 익히게 되고, 그 뒤엔 자기

만의 개성을 추가할 수도 있게 되지.

아무리 똑똑해도 아무런 기초 없이 창의적인 어떠한 것이 뚝딱 나오지 않아. 그리고 내가 생각하기엔 매우 새로운 것 같아도 알고 보면 이미 세상에 있는 경우가 많지. 발명이나 특허 출원을 할 때도 알아보면, 이미 누군가 먼저 만들어 놓은 경우들이 꽤 많아. 그래서 전문가의 도움을 받아 기존의 특허와는 차별성을 만들어 내는 게 중요하지.

모방하다 보면 실력이 쌓이고, 그 이후엔 창의성이 발현돼. 인간은 반복하다 보면 단조로운 걸 싫어하기 때문에 나중엔 이전보다 새로운 걸 만들어 내게 돼 있어.

《그리스 로마 신화》 시리즈를 쓰면서 제우스의 상징인 독수리가 자주 나오기에 유럽의 독수리에 대한 자료를 살펴본 적이 있어. 유럽의 독수리는 유럽에서 그리스와 지중해뿐만 아니라 아프리카까지 계절별로 일정하게 비행하면서 서식지

142

를 옮긴다는 거야. 그래서 연구진이 독수리에게 추적 장치를 달아 봤더니 놀라운 결과가 나왔어. 거의 같은 코스로 독수리가 수십 년을 반복해서 이동하는데 가끔 전혀 다른 코스를 택하는 거야. 늘 가던 길을 가끔은 벗어나 새로운 길, 남들이 안 가는 길로도 가 보는 거지. 독수리도 이러한데, 사람은 살면서 얼마나 더 많이 새로운 걸 시도하겠어.

익숙해지면 그 다음엔 새로운 것을 하게 되어 있어. 아이들을 키우다 보면, 어른들의 모습을 모방하다가도 어느덧 자기만의 방법으로 새로운 길을 찾아내. 즉 모방은 학습의 중요한 과정인 셈이지.

인류가 낳은 위대한 천재 중에서도 천재인 레오나르도 다빈치를 아니? 그는 프랑스 왕 프랑수아 1세에 의해 '왕의 수석 화가·건축가·기술자'라는 칭호를 부여받았어. 한마디로 왕이 인정하는 천재의 탄생인 거야.

그러한 천재 화가도 처음엔 모방과 단순한 수련부터 시작했어. 15세 때부터 안드레아 델 베로키오의 도제, 즉 조수 겸 제자가 되어서 회화나 조각 같은 예술 분야의 훈련을 받았는데, 남의 그림을 보고 그리면서 원래 작품의 수준까지 기량을 높이는 방법이었지. 그는 모방을 통해 실력을 쌓았기에 〈최후의 만찬〉과 같은 대작을 그렸고, 회화·건축·기계학·해부학을 넘나드는 방대한 공부를 작품에 녹여낼 수 있었던 거야.

다른 사람의 노하우를 따라 하는 걸 두려워하지 마. 나보다 잘하는 사람이 있다면, 내가 닮고 싶은 사람이 있다면 모방부터 해. 혼자서 하려니까 엄두가 안 나는 거잖아. 고민만 쌓이고, 실행은 하나도 안 되고 말이야.

우리가 아는 성공한 사람들도 처음엔 자신보다 잘하는 사람을 따라 하는 걸 주저하지 않았어. 그 유명한 비틀즈도 초기엔 엘비스 프레슬리, 척 베리 등의 음악을 듣고 따라 하며 자기의 색깔을 찾아 나갔고, 피카소도 어릴 때부터 다른 예술가들의 작품을 모방하며 그림을 그렸지. 그는 "좋은 예술가는 모방하고, 위대한 예술가는 훔친다"라고 말했어.

만유인력을 발견한 위대한 과학자 아이작 뉴턴은 다른 과학자들의 연구를 직접 해 보고, 그들이 남긴 여러 책을 읽으며 본인의 이론을 완성해 나갔다고 알려져 있지. 그가 친구 로버트 훅에게 "내가 다른 사람보다 더 멀리 볼 수 있었던 건, 거인의 어깨 위에 서 있었기 때문이다"라고 편지 보낸 건 유명한데, 모방하면서 자신만의 것을 찾아냈다는 뜻이야. 작가들이 남이 쓴 책을 더 많이 읽고, 작곡가들이 남이 만든 노래를 더 많이 듣는 것도 같은 이유야.

'이 사람처럼 되고 싶다' 싶을 정도로 존경하는 사람이 있다면, 따라 해 봐. 성공한 사람들의 책을 읽거나 다큐멘터리를 보고 감동하는 것도 좋지만, 거기서 멈추지 말고 따라 해. 요즘은 대학이나 기업에서 자기 경영을 잘하는 사람을 원하거든. 자기 경영이란, 자신의 목표를 설정하고 필요한 역량을 개발하며, 시간을 효율적으로 관리하는 과정을 말해. 그렇게 되려면 성공적인 삶을 살아간 사람들의 모습을 따라 해 봐야지.

자기 경영의 가장 중요한 원칙은 자기 주도성이야. 내가 스스로 주도해서 뭐든 해야 해. 목표 설정, 시간 관리, 스트레스 관리 등 모두 스스로! 그러면 게으름을 피울 틈이 없어. 오늘의 일을 내일로 미루는 어리석은 행동 따위는 절대 하지 않지.

신중해서 또는 꼼꼼해서 조금 늦어지는 건 괜찮지만, 매번 늦는다면 그건 게으른 것일 수 있어. 만약 미루는 태도와 늦어지는 상황 때문에 타인에게 피해를 주거나, 신뢰를 잃는 결과를 만든다면 지금 당장 달라져야 해. 그때 성공한 사람들을 따라 하는 모방이 빠르고 강력한 해결책이지.

달라지고 싶다면 지금부터 성공한 사람들, 나의 워너비를 따라 해 봐. 그들처럼 생각하고 그들처럼 방법을 세우고, 그들처럼 행동하는 거지. 그럼 어느덧 너 역시 누군가가 따라 하고 싶어 하는 사람이 되어 있을 거야.

집에서 차로 10분 정도 떨어진 거리에 매우 친밀한 K 시인이 살고 있어. 서로 집이 가까워서 만나고 싶을 때 언제든 만날 수 있지. 우리는 자주 함께 차도 마시고, 밥도 먹고, 산책도 하고, 해외여행도 가. 그는 나와 만나면 휠체어를 밀고, 때로는 업어 주기도 해. 한 번은 휠체어를 밀다 무리해서 손목에 터널증후군이 생기기도 했어. 내가 장애인이라 도움을 많이 받지.

그를 처음 만난 건 30대 초반이었어. 그는 성균관대학교 앞 상가에서 헌책방을 경영하고 있었는데, 시에 대한 그의 열정과 집념은 가히 대단했지. 우리는 시인, 희곡 작가들을 모아 동인을 결성했어. 동인이라는 건 문학을 같이하며 서로 작품을 감상하고, 격려하고 같은 길을 가는 동지야. 우리가 국어 시간이나 문학 시간에 들어서 잘 알고 있는 문예지 〈창조〉, 〈폐허〉, 〈백조〉도 모두 그 당시에는 문학을 사랑하는 문인들이 모여서 만든 동인지야.

우리가 결성한 동인의 이름은 같은 듯 같지 않다고 해서 부등호(≠)라고 했어. 우리는 동인지도 두 권 발간하면서 함께 서로를 격려했지. 자주 만나 서로의 작품도 읽고 평가해 주었고, 문단의 여러 정보도 나누곤 했어.

지금은 동인이 해체되어 다른 동료들은 연락이 잘 안 되지만, K 시인과 나는 아직도 현역으로 작품 활동을 계속하고 있지. 우리는 때로 서로의 작품에 직설화법으로 돌직구를 날리기도 해. 그래도 전혀 서운한 마음이 안 들어. 그는 누구보다 내 작품을 열심히 읽어 주는 내게 너무나 소중한 동료야. 혼자 열심히 하는 것도 중요하지만, 즐겁게 하려면 외부 도움이 정말 필요하거든. 특히 청소년 시기엔 동역자가 매우 중요하지.

　예전에 공부를 정말 잘하는 학생과 대화할 기회가 있었는데, 그 아이는 고등학교 때부터 반에서 항상 1등을 해서 선생님들이 특별히 관리를 했대. 모의고사와 수능을 준비하기 위해 조용히 집중할 수 있도록 학교 도서관에 그 아이만의 자리를 만들어 공부할 수 있게 배려도 해 주었지. 근데 그 학생은 교실에서 반 아이들과 공부하는 것을 선택했대.

　내가 왜 그랬냐고 물어봤더니, 그래야 더 공부가 잘 된다는 거야. 아무리 학교에서 1등 하는 학생이어도 시험을 앞둔 시점에는 예민해지고 불안한 마음이 생긴대. 그럴 때 늦은 밤까지 함께 교실에서 공부하는 친구들을 보면 마음이 안정되는 거야. 조용한 도서관에 혼자 있으면 쿵쾅거리는 심장 소리와 작은 소음에도 예민해지는데, 교실에 있으면 '지금 이렇게 고생하는 학생들이 나 말고도 엄청 많구나. 우리 반 아이들이 다 잘되었으면 좋겠다' 하는 동질감이 생기더래.

　나 역시 박사 논문을 쓸 때 대학교 도서관에 가서 집필했어. 도서관의 백색소음도 좋고, 각자의 목적을 위해 도서관을 오가는 사람들의 모습을 보며 내가 열심히 살고 있다는 느낌을 받으니까 좋더라고. 동기들끼리 서로 자료도 구해 주고, 대화하며 아이디어도 얻고, 참 좋았던 기억이야. 요즘 학생들이 스터디 카페에 가서 공부하는 이유도 바로 이런 거겠지.

움직이게 하는 힘, 선한 경쟁심

오늘부터 내 곁의 친구를 다르게 봐야 해. 친구는 내가 이겨야 할 경쟁자가 아니라, 나의 동역자야. 건강한 자극을 주는 경쟁자 또한 좋은 동역자야. 물론 나보다 잘나거나 잘하는 사람을 보면 가끔은 배 아프고, 속상하고, 때론 움츠러들겠지. 하지만 그것도 좋은 자극이라고 생각해야 해. 내가 더욱 열심히 하도록 선한 경쟁심을 불러일으키는 좋은 동료라고 생각하면 그때부턴 매우 좋은 인연이 되는 거야.

그러니까 옆의 친구가 졸고 있으면 깨워 줘. 어려운 일이 있으면 서로 도와주고, 격려해 주고, 가끔은 칭찬도 아낌없이 해 주고. 서로의 목표를 응원하는 동지가 되어 봐. 그럼 아무리 어려운 일이 앞에 있어도 외롭지가 않아. 서로에게 좋은 영향을 받게 되어 있어. "친구 따라 강남 간다"라는 말은 괜히 있는 게 아니야.

그리고 가끔은 부모님과 선생님, 그리고 선배에게 도움을 청해 봐. 나의 일을 대신해 달라고 하는 건 나약한 거지만, 힘들고 어려울 때, 방법을 모를 때 상담할 사람이 많은 건 매우 큰 인복이고 재산이야.

지금 필요한 건 스몰 액션! 준비 행동은 이제 그만하고, 미루는 것도 이제 그만하고 움직여! 네 곁의 사람들이 도와줄 거니까!

오늘 할 일을
내일로 미루는 너에게

초판 1쇄 발행 2025년 7월 25일
초판 2쇄 발행 2025년 10월 31일

지은이 고정욱
일러스트 개박하

펴낸이 홍보람
이사 홍성우
인문편집부장 박월
편집 박주혜·조준태
디자인 이희우
마케팅 이송희·최은서
제작 홍보람
관리 최우리·정원경·조영행

펴낸곳 도서출판 풀빛 | **등록** 1979년 3월 6일 제2021-000055호
주소 07547 서울특별시 강서구 양천로 583 우림블루나인비즈니스센터 A동 21층 2110호
전화 02-363-5995(영업), 02-364-0844(편집) | **팩스** 070-4275-0445
홈페이지 www.pulbit.co.kr | **전자우편** inmun@pulbit.co.kr

ISBN 979-11-94636-46-5 43190